일타큰스님의
윤회와 인과응보 이야기

— 시작도 끝도 없는 길 —

❁효림

윤회와 인과응보 이야기
－시작도 끝도 없는 길

초　판　1쇄 펴낸날 1995년 10월 16일
　　　　42쇄 펴낸날 2023년 10월 30일

지은이　일타큰스님
펴낸이　김연지
엮은이　김현준
펴낸곳　효림출판사

등록일　1992년 1월 13일 (제2-1305호)
주　소　서울시 서초구 반포대로14길 30, 907호 (서초동, 센츄리 I)
전　화　02-582-6612, 587-6612
팩　스　02-586-9078
이메일　hyorim@nate.com

값 9,000원

서   문

오늘은 어제의 연장이요 내일은 오늘의 상속이다.

전생은 금생의 과거요 내생은 금생의 미래이다.

사람들은 어제를 돌아보고 내일을 기약하며 오늘을 살아가고 있다. 그렇지만 전생을 생각하고 내생을 바라보며 금생을 살아가는 이는 흔치 않다.

왜 어제는 돌아볼 줄 알면서 전생은 묵살하고, 내일은 기약하면서도 내생은 잊고 사는 것일까? 그것은 전생과 내생이 보이지 않기 때문이요, 지금 이 순간에 너무나 집착하며 살고 있기 때문이다.

그러나 과거와 현재와 미래가 있는 이상 전생·금생·내생의 삼세윤회(三世輪廻)는 반드시 있다. 왜냐하면 삼세윤회는 인(因)·연(緣)·업(業)·과(果)의 넷으로 구성된 필연적 연기(緣起)의 법칙이기 때문이다.

인연업과(因緣業果).

'인'은 씨앗(因子)이요 '연'은 연지(緣地), 곧 씨앗이 뿌려지는 밭이며, '업'은 밭에 뿌린 씨앗이 결실을 볼 때까지 가꾸는 행위이다. 이렇게 인과 연과 업이 모이면 결과는 자연 '성(成)'일 수

밖에……

씨가 좋고 밭이 좋고 농업을 잘 지었으면 복을 많이 받을 것이고, 나쁜 씨를 나쁜 밭에 뿌리고 가꾸는 일을 게을리했다면 수확이 나쁜 것은 정한 이치이다. 심은대로 거두고 지은대로 받는 것이니, 선인선과(善因善果) 악인악과(惡因惡果), 이것이 사바세계의 생리이다.

그러나 눈에 보이는 것만 '있다' 하고 보이지 않는 것은 '없다'고 하는 사람들은 인과응보와 윤회를 쉽게 믿으려 하지 않는다. 하지만 만물은 보이지 않는 가운데 자라나고 있고 모든 것은 모르는 사이에 무르익어가고 있다.

삼세의 인연 또한 시간과 공간의 파장(波長)으로서, 전생에 하던 일과 생각했던 일을 금생에도 하게 되고, 금생에 하는 일과 생각하는 일은 내생으로 연장 확대되어 간다. 인연따라 생겨나고 인연따라 사라지는 종연생 종연멸(從緣生從緣滅)의 법칙! 이는 만고불변의 철칙인 것이다.

그렇다면 인간은 업과 윤회의 굴레에서 영원히 벗어날 수 없는 존재인가? 아니다.

이 몸을 자동차에 비한다면 이 몸을 움직이는 운전수가 있다. 자동차를 움직일 수 있도록 하는 운전수, 이 몸을 끌고다니는 '참 나'가 있는 것이다. 이 '참 나'를 분명히 찾으면 윤회와 업의 굴레에서 벗어날 수 있다.

자동차가 달라져도 주인은 그대로이듯, 우리는 업을 따라 차종만 바꿀 뿐이다. 궂은 업을 지었으면 궂은 차를 타고 좋은 업을 지었으면 좋은 차를 타기 마련이다. 그것도 잠시동안을……

그런데도 사람들은 지은 업은 돌아보지 않고 좋은 차만을 고집한다. 나라고 하여 궂은 차를 타야할 이유가 없다는 것이다. 이 때문에 문제는 더욱 커진다. 기꺼이 받으면 업이 저절로 녹아내릴 수 있는데도 억지 탈바꿈을 추구하다가 더욱 궂은 업을 짓게 되고 만다. 이렇게 하는 이상 자유와 행복은 나의 것이 될 수 없다. 시작도 끝도 없는 윤회의 길 속에서 한없는 괴로움을 짊어지고 살 수 밖에 없는 것이다.

〈시작도 끝도 없는 길〉.

이 책을 쓰게 된 까닭은 모든 사람들이 윤회와 인과를 철저히 믿고, 내가 지은 업을 기꺼이 받겠다는 자세로 살아서 한시바삐 고통을 벗어버렸으면 하는 마음에서 이다. 나아가 자동차가 아닌 운전수, 참된 나의 주인공을 찾고 윤회와 업의 굴레를 해탈하여 마음대로 오고(如來) 마음대로 가는(善逝) 생사불이(生死不二) 의 세계로 나아가기를 간절히 염원해 본다.

　회향하노니,

　　　이 책 속의 한편 한편 이야기들이 중생계에 두루 퍼져
　　　생사의 미몽(迷夢)을 깨닫게 하는 경종이 되고
　　　인과와 윤회를 철저히 믿어
　　　해탈의 경지에 이르게 하는 길잡이가 되어지이다.

　　　　　　　　　　　　　　　　　1994. 1. 11.
　　　　　　　　　　　　　　　　　해인사 지족암에서
　　　　　　　　　　　　　　　　　東谷 日陀

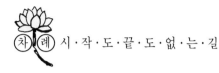

차례 시·작·도·끝·도·없·는·길

12

 차 례 시·작·도·끝·도·없·는·길

시·작·도·끝·도·없·는·길

I
큰스님
주변 이야기

불교와 나의 인연

대부분의 스님들은 나름대로 출가 동기가 있지만, 나는 특별한 출가의 동기를 가져본 적이 없습니다. 있다면 전생에나 있었을 까? 금생에는 전생의 인연을 따라 자연스럽게 중이 된 것으로 나는 믿고 있습니다.

내 나이 5살 때, 우리 마을로 천수경(千手經)을 외우며 동냥을 하는 스님이 찾아 왔습니다.

"정구업진언 수리수리 마하수리 수수리 사바하……."

그런데 어린 마음에 그 스님의 천수경 외우는 소리가 어찌나 듣기 좋았던지 하루 종일 뒤를 졸졸 따라다녔습니다. 스님은 나를 기특하게 여겨 엿을 듬뿍 사 주었는데, 그 엿을 주머니 여기저기에 넣고 우두둑 씹으면서 죽자고 따라다니며 '원왕생(願往生) 원왕생……'을 외웠습니다. 어머니 말씀에 따르면, 그날 밤 나는 잠을 자면서도 《천수경》을 외웠다고 합니다.

그러다 보니 언제 외웠는지도 모르게 《천수경》을 다 외웠고, 그 외에도 몇 가지 경을 나도 모르는 사이에 외우고 있었습니다.

국민학교를 들어간 지 얼마 되지 않았을 때, 누구든지 교단 앞으로 나와 자유롭게 이야기하는 시간이 있었습니다. 나는 그 때 앞으로 나가 춤을 추면서 천수다라니를 외웠습니다.

"나모라 다나다라 야야 나막알약……."

내가 춤을 추면서 이상한 말을 하자 선생님은 물론 아이들까지도 배꼽이 떨어져라 웃었고, 그 때 이후 내 별명은 '중'이 되었습니다.

그 후 집안의 친가・외가 식구 49명 모두가 차례로 출가하였고, 나도 국민학교를 마친 14살 때 외할아버지의 손을 잡고 통도사에 계시는 고경(古鏡) 스님을 뵙고 출가하였습니다.

이와 같이 출가를 한다는 것은 단순한 인연으로 이루어지는 것이 아닙니다. 정녕 전생의 깊은 인연이 없었다면 나의 출가는 이루어지지 않았을 것입니다.

어머니 성호비구니의 업보

1940년대 전반기 우리 가족이 모두 출가한 직후의 이야기입니다. 나의 어머니인 성호(性浩) 비구니는 전생부터 불법에 인연이 많아서인지 출가 전부터 절에 가시기를 좋아하였고, 절에 가서는 절을 하고 살림살이를 마련해 주기를 좋아하셨습니다. 그 당시 대구 동화사(桐華寺) 내원암(內院庵)은 거의 무너지다시피한 아주 가난한 절이었습니다. 어머니는 가실 때마다 바가지와 작은 그릇, 단지 등 필요한 살림살이를 무시로 사서 날랐습니다.

어느 날 갖가지 살림살이를 소달구지에다 가득 싣고 내원암으로 올라가는데, 짐끈을 제대로 묶지 않아 실은 물건들이 덜거덕 덜거덕 흔들렸습니다. 어머니는 끈을 단단히 묶기 위해 수레를 세우고 수레바퀴 옆에 바짝 붙어서서 끈을 다시 묶었습니다.

그런데 가만히 있던 소가 갑자기 앞으로 달려나갔고, 미처 몸을 피하지 못한 어머니 발등 위로 수레바퀴가 넘어갔습니다. 그 때의 수레바퀴는 지금의 고무바퀴와는 달리 나무에다 쇠를 두른 아주 딱딱한 것이었습니다. 빈 수레라 하여도 무거운데, 거기다 짐을 실었으니 그 중량이 얼마이겠습니까? 연한 두 발이 사정없이 바스러지는 순간, 어머니는 기절하여 대구 동산병원에 입원하였습니다.

우리 가족들은 걱정을 하며 입원실을 찾아갔습니다. 그런데 어머니는 혼자서 싱글싱글 웃고 계시는 것이었습니다.

"어머니 아프지 않으십니까?"

"두 발등이 다 부셔졌는데 안 아프면 되는가?"

가히 백천겁이 지나더라도
한 번 지어놓은 업은 없어지지 않나니
인연이 닥쳐오면
그 과보를 면할 수가 없느니라

假使百千劫
所作業不亡
因緣來遇時
果報難免矣

처녀 시절 사서삼경(四書三經)을 모두 읽으신 데다 말도 잘하고 문장을 잘 하셨던 어머니는 아픈 중에도 이 게송을 읊으시며 자꾸 빙그레 웃으시는 것이었습니다. 어리둥절해하는 가족들에게 어머니는 웃는 까닭을 말씀하셨습니다.

"나는 발등을 다쳐 기절을 하는 바로 그 찰나에 닭 한 마리가 퍼덕퍼덕 날개를 치며 달아나는 것을 보았다.

3년 전에 할아버지가 집에 오셔서 점심 진지상을 차리는데, 부엌 안으로 닭 한 마리가 들어와서 먹을 것을 찾아 왔다갔다하며 목을 넘실거리더구나. 그래서 닭을 쫓기 위해 아무 생각 없이 부지깽이를 던졌는데, 그만 닭다리에 정통으로 맞아 다리 둘이 몽땅 부러져 나갔단다. 닭은 크게 소리내어 울면서 두 다리가 간당간당한 상태로 황급히 밖으로 날아 나갔지.……"

기절하는 순간, 닭이 달아나는 영상을 본 어머니는 직감적으로 '그 때의 닭이 죽은 다음 지금의 저 소가 되어 악연을 갚는 것'임을 느꼈다는 것입니다.

"내가 그 때 닭의 다리를 일부러 부러뜨린 것이 아니듯이 저 소도 일부러 내 발등을 부러뜨리려 한 것은 아닐 것이다. 아마도 벌이 달려들자 피하기 위해 갑자기 수레를 끌었을 것이야. 평소 때였다면 소 모는 일꾼에게 그릇들이 움직이지 않게 끈을 좀 잘 매달라고 하였을텐데, 과보를 받을 때가 되어서인지 이상하게 직접 끈을 조여매고 싶어졌거든! 이렇게 인과가 분명할 데가 어디 있느냐? 3년 전에 지어놓은 업을 이렇게 빨리 받았으니, 그 전에 지은 죄업도 어지간히 갚아진 것이 아니겠니. 나는 얼마나 기쁜지 모르겠다."

이러한 마음가짐 때문인지 한 달 남짓 병원에서 치료하자 바스러진 발등이 완전히 붙었으며, 돌아가실 때까지 발이 아프다는 말씀은 한 번도 듣지 못하였습니다.

응민스님의 삼생(三生)

우리 형제는 2남2녀 입니다. 내 위로 누나와 형님, 아래로 누이 동생이 있습니다. 우리 가족 6명 중 가장 먼저 출가하여 중이 된 사람은 누나 응민(應敏) 스님입니다. 나보다 6세 위인 누나는 아버님이 열심히 불공을 드린 끝에 1923년 6월 28일에 태어났습니다.

당시 아버지는 근대 선종의 중흥조로 추앙받고 있는 경허(鏡虛) 대선사의 형님인 태허(太虛) 스님이 말년에 머무셨던 공주 마곡사의 한 암자로 불공을 드리러 자주 다녔습니다.

태허스님은 기골이 장대하고 호기가 빼어났으나, 곡차를 즐겨 마시는 흠이 있었습니다. 그러던 어느 날 아우인 경허선사가 찾아왔습니다.

"형님도 이제 나이 50이 넘었으니 술 그만하시고 마무리를 잘 지으셔야지요. 중노릇도 잘 하지 못하고 부모님도 잘 모시지 않았으니 양가득죄(兩家得罪)가 아니고 무엇이겠습니까? 이제부터라도 열심히 참선정진 하십시요."

"양가득죄라……. 불가에도 속가에 대해서도 모두 죄를 지은 꼴이라? 아, 그렇구면. 자네 말을 듣고 보니 정말 그러하네."

그때부터 태허스님은 그토록 좋아하던 술을 끊고 산문(山門) 밖 출입을 금한 채 열심히 참선수행을 하였습니다.

어느 날 아버님이 생남불공(生男佛供)을 위해 마곡사로 찾아갔을 때 태허스님은 근근히 불공 축원(祝願)을 끝내고 내쫓듯이 말씀하셨습니다.

"처사야."

"예."

"내가 지금 많이 아프다. 기운이 하나도 없다. 불공 드리러 왔다가 송장 보면 재수 없다는 말이 있네. 빨리 가게. 빨리 가."

아버지는 태허노스님이 방으로 들어가 눕는 것을 보고 절을 떠났습니다. 절 일주문을 벗어나자마자 태허노스님이 돌아가셨음을 알리는 열반 종소리가 '쿠왕 쿠왕' 울리는 것이었습니다.

그런데 이상하게도 그 열반 종소리가 아버지의 목덜미를 잡아끄는 듯했습니다. 집에까지 80리 길을 오면서 그 종소리는 계속 아버지를 쫓아오는 것 같았다고 합니다.

그 일이 있은 뒤 어머니는 바로 임신을 하여 누나를 낳았고, 부모님들은 누나를 태허스님의 후신으로 믿고 있었습니다.

그 뒤 누나는 당시 여성으로서는 수재가 아니면 입학하기 어렵다는 공주여자사범학교를 졸업하고 우리 가족 중 가장 먼저 출가

하여 금강산으로 갔다가 이듬해인 1941년부터 수덕사 만공(滿
空) 대선사 밑에서 수행하였습니다. 태허 노스님은 만공스님의
출가시 스승인 은사(恩師)였으니 전생의 스승과 제자는 금생의
제자와 스승이 된 것입니다.

응민스님은 수덕사 견성암에서 용맹정진하여 만공스님으로부
터 '한소식한 비구니'라는 인가를 받았고, 그 뒤에도 평생을 참선
정진과 후학들의 지도에 몰두하였습니다. 한국 비구니 중 그만한
분이 드물다고 할 정도로 공부를 잘하시다가 1984년 12월 15일
에 응민스님은 입적한 것입니다.

응민스님은 불가의 상례에 따라 49재(齋)를 지냈습니다. 21일
째 되는 날 지내는 3재(三齋)는 대구에서 지냈는데, 재는 내가
집전을 했습니다. 일반적으로 재를 지내면 염불·독경에 범패까
지 곁들이기가 일쑤이지만, 그날은 모든 절차를 생략하고 선법
(禪法)에 의해 천도를 했습니다. 나는 조용히 죽비를 치고 입정
(入定)에 들어 누님 영가(靈駕)에게 일렀습니다.

"만법이 하나로 돌아가니 하나는 어디로 가는가(萬法歸一 一歸
何處)."

그런데 불현듯 한 생각이 떠올라 영가에게 마음 속으로 일렀습
니다.

"응민스님. 미국 구경 한번 안할라요? 미국 한번 가보시오. 미
국 펜실베니아에 가면 소영이가 있는데 그 집에 태어나면 참 좋
을거요. 부자집이니까 공부도 많이 하고 미국 구경도 많이 할 수
있을거고, 참 좋을거구먼."

이렇게 잠시 한 생각을 했었는데 영검이 통했던지 그날 밤 내
여동생 쾌성(快性) 스님 꿈에 응민스님이 나타나 묻는 것이었습
니다.

"쾌성아. 일타스님이 나보고 미국 가라고 그러는구나. 그렇지
만 서울도 혼자 못가는 내가 미국을 어떻게 혼자 갈 수 있겠니."

"언니, 일타스님이 좋으니까 가라는 것 아닙니까. 걱정말고 가
세요. 미국은 비행기만 타면 금방 갈 수 있는데 뭐! 비행기 타고
가면 자동차로 마중 나와서 싣고가니 조금도 걱정 없소. 3살 먹
은 어린애도 비행기만 타면 가는데 언니가 못 갈리 있겠어요? 가
소, 가소."

"아, 그건 그렇겠네. 그런데 소영이가 누군가? 소영이가 누군
데 소영이 집에 가라고 하지?"

"그전에 언니한테 아주 좋은 두루막장삼을 해준 사람 있잖아
요. 언니가 너무 좋은 것이라 중이 입을 것이 아니라고 한 그 두
루막!"

"아, 그 사람."

말이 끝나기가 무섭게 응민스님은 그냥 선 채 뒷쪽으로 쭉 물
러가더라는 것입니다.

그런데 미국에 있는 소영이도 같은 꿈을 꾸고 아기를 잉태하여
아들을 낳았는데, 지금 여덟 살 된 아이의 눈도 얼굴도 행동거지
도 영락없이 응민스님 살아 생전의 모습을 닮았습니다.

이렇듯 누나 응민스님은 과거·현재·미래 삼생(三生)의 모습
을 우리들 가까이에서 보여주었습니다.

제자 자해의 전생과 금생

1987년 12월, 부산 해운정사에서 열반에 든 큰스님 향곡(香谷) 선사의 큰사형 이름은 구옹(瞿翁) 입니다.

구옹스님은 부자집에서 태어나 일본 와세다대학을 졸업한 수재였습니다. 대학을 졸업하고 고국으로 돌아와 사회활동을 하기 시작할 무렵, 몸이 자꾸만 가라앉고 기침이 나 병원에 갔더니 폐결핵이라는 것이었습니다. 일제시대만 해도 폐결핵이라면 요즘의 암처럼 불치병으로 여겼고 전염이 된다고 하여 모두들 기피했습니다.

그토록 열심히 공부하였건만 사회활동은 고사하고 죽음의 그림자가 짙게 드리웠으니……. 크게 인생무상을 느낀 그는 공기 좋은 곳에서 마지막 정신을 가다듬고자 출가를 하였습니다.

절에서도 처음에는 와세다대학 출신에 부자집 아들인 그의 출가를 매우 반가워 하였지만, 얼마 지나지 않아 콜록콜록 기침을 하면서 피를 토하는 그를 다른 대중들과 함께 살도록 내버려 두지 않았습니다. 결국 구옹스님은 태백산 깊은 산중의 도솔암으로 들어가 10년 이상을 홀로 수행하며 지내야 했습니다.

구옹스님이 도솔암에 살고 있을 때 한씨(韓氏) 성을 가진 젊은 승려가 시봉을 하고 있었습니다. 그런데 도솔암 아래 마을의 한 영감님은 기운도 세고 마음씨도 좋고 일도 잘하는 젊은 승려 한씨를 사위감으로 점찍었습니다.

어느 날, 구옹스님은 금강산으로 떠나면서 한씨 스님에게 뒤따라오라고 하였습니다.

"내 먼저 금강산으로 갈 모양이니, 네가 보따리를 챙겨서 오너라."

"예. 그러지요."

며칠 후 한씨 스님이 도솔암을 출발하여 아랫 마을에 이르렀는데, 그를 사위감으로 점찍었던 영감이 자기의 방에 딸과 함께 스님을 가두고 밖에서 문을 잠구어 버렸습니다. 며칠을 버티다가 하는 수 없이 결혼하여 몇 년을 살았는데, 어느날 꿈에 구옹스님이 나타났습니다.

"아이구, 스님! 어쩐 일로 오셨습니까?"

"이놈! 중질한다고 그러더니만 잘 됐다, 잘 됐어. 내 이제부터 너희 집에서 살아야겠다."

그리고는 방안으로 성큼 들어서는 것이었습니다.

바로 이렇게 해서 태어난 아이가 나의 제자 자해(慈海)입니다. 곧 구옹스님의 후신이 자해입니다.

자해는 국민학교 밖에 안다녔지만, 전생에 와세다대학까지 나오고 공부를 많이 해서인지 내 상좌 70여명 중 글재주가 가장 앞

섭니다. 한 글귀의 편지라도 다른 사람에게 진한 감동을 안겨줍
니다. 또 신심(信心)도 지극합니다.

그러나 대중생활을 탐탁하게 여기지 않습니다. 폐결핵 때문에
대중 속에서 살지 못한 전생의 버릇 때문인지, 홀로 토굴에 들어
가 참선하고 염불하며 살기를 좋아합니다.

그리고 내 밑에서 시봉을 들다가 16세가 되었을 때 향곡스님을
찾아 갔습니다. 사형·사제 간의 전생 인연 때문인지 무조건 그
곳으로 가고 싶었다는 것입니다. 자해는 해인사에서 대구와 경주
를 거쳐 향곡스님이 계시는 부산 가까이의 월내 묘관음사로 걸어
갔습니다. 며칠만에 도착한 자해에게 향곡스님은 물었습니다.

"어떻게 왔노?"

"걸어서 왔습니다."

"몇 걸음만에 왔노?"

자해는 일어서서 한 걸음을 옮겼습니다.

"한 걸음만에 왔습니다."

"어째서 한 걸음인고?"

"아, 도 닦으려는 한 생각으로 왔으니 한 걸음이지요."

이 대답에 향곡스님은 껄껄 웃으며 그를 거두었습니다.

"됐다, 됐어. 시자(侍者)로 살아라."

이렇듯 자해가 전생을 좇아 이 생을 살고 있듯이, 비록 우리가
모르고 있을지라도 우리의 금생은 전생과 그대로 연결되어 있는
것입니다.

할아버지가 손자로 태어나

2년 전에 작고한 부산의 송암(松岩) 처사님은 내가 사는 지족암에 즐겨 찾아 오곤 했습니다. 하루는 송암처사가 손자를 데리고 와서 그 손자에 대한 이야기를 들려 주었습니다.

송암처사의 아버지가 80세 가까이 되었을 때 17살 밖에 안된 손자를 결혼시킬 것을 재촉했습니다.

"아버님, 지금 고등학교를 다니는 어린 애를 어떻게 장가 보냅니까?"

"뭐라고? 이놈들아. 나는 열 다섯에 장가 갔다. 열 일곱이면 장가 가고도 남는다. 내 빨리 손자며느리 한테 물 한그릇 얻어 먹기가 원이고 증손자 보기가 원인데 무슨 말을 하고 있노? 응, 알겠다. 내 죽고 나면 너희들끼리 호젓하게 치르겠다 이 말이지?"

이렇게 손자의 결혼을 강요하시던 아버지가 얼마 지나지 않아 돌아가시자 송암처사님은 마음도 편치 않고 불효를 저질렀다는 생각도 들었습니다. 그래서 이제 막 대학에 들어간 19살 된 아들을 억지로 결혼시켰습니다. 그랬더니 아들은 금방 첫손자를 안겨주었고, 이 손자가 자라서 벌써 고등학생이 되었다는 것입니다.

"그런데 스님, 제가 이 아이 때문에 놀란 것이 한두번이 아닙니다. 이 놈이 '에헴' 하는 기침과 함께 집에 들어설 때면 꼭 죽은 아버지가 들어오시는 것 같고, 그 모습이나 행동거지가 영락없이 닮았습니다. 늙은 아버지가 돌아가셔서 증손자로 몸바꿈을 하신 것이 틀림없습니다."

결코 송암처사님의 이 말씀이 근거없는 확신은 아닐 것입니다.

전생의 술집 며느리

대구 어느 대학의 교수를 지낸 안교수의 실제 이야기입니다. 안교수가 현재 생존하고 계시기 때문에 이름은 밝히지 않겠습니다.

안교수는 본래 만석꾼의 딸로서 서울의 모대학을 졸업한 뒤 세계일주까지 하고 귀국하여 결혼을 하였지만, 신혼의 단꿈이 채 가시기도 전에 6·25사변이 발발하여 남편은 납북되고 말았습니다.

안교수는 유복자인 아들을 정성껏 기르며 살았습니다. 아들은 그야말로 수재여서 대구 경북중학교를 우수한 성적으로 졸업한 뒤 경기고등학교에 입학했습니다.

그러나 착하고 공부 잘하는 외아들만이 유일한 정신적 의지처였던 안교수에게 어느 날 날벼락의 급보가 날아들었습니다. 고등학교 2학년인 아들이 한강의 광나루에서 친구들과 수영을 하다가 빠져 죽었다는 것이었습니다.

강의실에서 강의를 하던 그녀는 소식을 전해 듣자 기절해 쓰러지고 말았습니다. 응급치료를 받고 정신을 차려 서울에 올라왔지만, 대학병원 영안실에 안치되어 있는 아들의 시신을 보는 순간 또 다시 기절하고 말았습니다.

다음날 홍제동의 화장터에서 불가마 속으로 들어가는 아들 시체를 보면서 기(氣)가 흩어져 버린 그녀는 완전히 제정신을 잃고 말았습니다. 의젓하고 교양있던 미모의 여교수가 정신병자로 돌변한 것입니다. 그녀는 머리를 풀어헤치고 찢어진 옷을 입은 채 종로 네거리를 다니며 울부짖었습니다.

"아무개야! 아무개야!"

그 증상이 너무나 심하자, 집안 식구들은 청량리 정신병원으로 보낼 수밖에 없다는 결정을 내렸습니다. 그리고 순순히 가지 않는 그녀의 온몸을 끈으로 묶어 병원 지하실에 있는 중환자실에 입원을 시켰습니다.

그러나 안교수의 정신은 돌아오지 않았습니다. 오히려 처음 얼마 동안은 아들을 부르면서 벽에다 머리를 찧어 온몸이 피투성이가 되는가 하면, 손톱으로 얼굴을 쥐어뜯기까지 하였습니다. 그야말로 자식에 대한 애착이 안교수를 폐인으로 만들어 버렸던 것입니다.

병원에서 몇 달을 치료받는 동안, 안교수의 정신이상 상태가 조금 나아졌으므로 가족들은 절에서 요양시키고자 하여 해인사로 보냈습니다. 그 때의 그녀는 아주 멍청이가 되어 있었습니다.

앉아 있으라면 하루 종일 앉아 있고 서 있으라면 하루 종일 꼼짝
하지 않고 그 자리에 서 있을 뿐, 옆에 사람이 지나가도 돌아보지
조차 않는 것이었습니다.

그러나 날이 갈수록 이 증상도 조금씩 나아졌습니다. 앉아 있
다가도 사람이 오면 일어서고, 앞으로 사람이 지나가면 뚫어지도
록 무섭게 쳐다보다가 그 사람의 자취가 멀리 사라져서야 비로소
눈길을 다른 데로 돌리곤 했습니다.

이렇게 또 얼마가 지나자 이제는 사람이 앞에 오면 인사를 할
줄도 알고 고개를 끄덕이기도 하였으며, 차츰 스님들과 한두 마
디의 대화를 시작하더니, 말이 늘어나서 세계일주를 하며 보고
들은 이야기를 비롯하여 여러가지 사실을 이야기하는 것이었습
니다. 그녀는 강의를 많이 하였던 때문인지 말도 아주 잘하였고,
듣기도 잘했습니다.

이 때부터 스님들은 인과에 관한 이야기를 많이 들려 주었습니
다. 전생과 금생과 내생이 다 인과업보로 연결되어 있기 때문에
전생에 지은 대로 금생에 받고 금생에 짓는 대로 내생에 받는다
는 이야기며, 불경 속의 게송이나 설화도 많이 들려 주었습니다.

이 세상의 형상으로 있는 바 모든 존재는
모두 다 변하고 생멸해 없어지는 허망한 것이니
만일 모든 형상이 실다운 존재 아닌 줄로 보면
그 때에 곧 여래를 보리라

凡所有相

皆是虛妄
若見諸相非相
卽見如來

　이와 같은 게송을 읽어 주고 설명해 주면 곧잘 알아듣고 외웠습니다. 그리고 우리의 육신은 생로병사가 있는 허망한 것이지만 우리의 마음자리는 전생에서 금생으로, 다시 내생에 이르기까지 영원히 죽지 않는 불성(佛性)이라고 이야기해 주었습니다. 처음에는 무슨 소리인지 잘 못 알아듣는 것 같았는데, 불교에 인연이 있는 분이여서인지 점차 귀가 열리고 인과를 믿는 것 같았습니다.

　어느 날, 스님들로부터 인과 이야기를 듣고 있던 안교수는 갑자기 무릎을 치면서 알 수 없는 말을 했습니다.

　"아! 스님, 그러고 보니 저의 전생은 술집 며느리였습니다."

　스님들은 이 분의 정신이 또 이상해지는 것이 아닌가 걱정하면서 동정을 살피는데, 이번에는 치마를 걷어 올리고 버선을 벗어 버리는 것이었습니다. 안교수는 오른발 복숭아뼈 부근의 빨간 점 하나를 가리키며 말했습니다.

　"이 점이 전생에 술집 며느리였음을 말해 주는 증거입니다."

　그리고 이에 관한 여러가지 이야기를 하였는데, 그 이야기의 줄거리만을 추리면 다음과 같습니다.

　그녀가 만석꾼인 안부자 집에 태어날 때 그 집은 대구 삼덕동

에 있었는데, 허름한 노인이 찾아와서 대문을 두드리며 묻는 것
이었습니다.

"오늘 저녁 이 댁에서 여자 아기를 낳았는지를 알아 보고자 하
여 왔습니다."

이 말을 들은 안부자는 이상한 생각이 들어 노인을 사랑채로
불러 들인 다음 내실로 사람을 들여보내 알아 보게 한 결과, 방금
딸을 낳았다는 것이었습니다. 허름한 노인은 다시 물었습니다.

"한 가지만 더 여쭈어 보겠습니다. 아기의 오른쪽 발 복숭아뼈
밑에 빨간 점이 있는지를 확인해 주시면 감사하겠습니다."

갓난 아기의 발에 불을 비추어 살펴보니, 과연 빨간 점이 있었
습니다. 이 사실을 전해 들은 노인은 대성통곡을 하는 것이었습
니다. 안부자가 곡절이 있음을 알고 약주를 대접하며 그 사연을
물었습니다.

"저희 늙은 내외는 저 수성못 가에 살고 있습니다. 일찍이 아
들을 하나 두어 결혼을 시켰지만, 아들은 가난한 것이 한이라며
북만주로 돈 번다고 가서 행방불명이 되어 버렸고, 홀로 남은 며
느리만 데리고 살았습니다. 그런데 그 며느리가 어찌나 효부였던
지 시부모를 모시는 정성은 말로 다 표현할 수가 없을 정도였습
니다.

며느리는 우리 노부부를 먹여 살리기 위해 수성못 가에 자그마
한 선술집을 차렸습니다. 술을 받아다가는 찬 물을 타서 마을 사
람들한테 팔아 우리 부부를 지극정성으로 봉양했습니다. 젊은 과
부가 술을 판다고 하니 이런 저런 남자들이 모여들어 술을 사 먹

었기 때문에 세 식구는 끼니 걱정 않고 살 수 있었습니다.

우리 부부는 며느리 덕에 편안히 살았지만, 며느리는 추운 겨울에도 솜옷 한 벌 제대로 못해 입고 맨발로 지내다 보니 감기가 들었고, 감기가 폐렴이 되어 기침을 할 때마다 피를 토하더니, 병원에 가서 치료 한 번 제대로 받지 못한 채 지난 봄에 죽어 버렸습니다.

며느리가 죽고 난 뒤에 저희 늙은 내외는 눈물로 세월을 보내며 불쌍하게 죽은 며느리 생각을 한시도 놓지 못하였는데, 어제저녁 꿈에 며느리가 나타나 절을 하면서 말했습니다.

'아버님 어머님, 불효한 저를 용서하십시오. 저는 오늘 산너머 부잣집에 태어납니다. 제가 어머님 아버님을 꼭 도와 드릴 것이오니 너무 걱정마시옵소서.'

그리고는 일어나면서 복숭아뼈를 가리키는데, 보니까 빨간 점이 있었습니다. 잠을 깨어 안 늙은이에게 이야기를 하였더니 그도 똑같은 꿈을 꾸었다는 것이었습니다. 달도 밝고 며느리 생각이 더욱 간절하여 발길이 저도 모르게 이 집에 미쳤습니다만, 이제 말씀을 듣고 보니 틀림없는 저희 며느리의 환생입니다."

만석꾼 안부자는 노인의 표정이 너무나 진지한데다, 구중궁궐 같은 만석꾼 집 안채에서 방금 낳은 아이의 오른발 복숭아뼈 밑에 붉은 점이 있음을 알아맞힌 것 등을 미루어 노인의 말을 그대로 믿지 않을 수가 없었습니다. 안부자는 당장 필요한 생활용품도 주고 좋은 논 열마지기를 주어 노인 부부의 생계를 도와 주었습니다.

이러한 사연 때문에 안교수의 어릴 때 별명은 '술집 며느리'가 되었고, 할아버지가 야단을 해서 나중에는 부르지 않았지만 네다섯 살까지는 '술집 며느리'라고 놀려서 많이 울기도 했다는 것입니다.

이상의 이야기를 끝낸 다음 안교수는 말했습니다.

"스님들께서 전생 이야기를 자꾸 해 주시니 그 기억이 되살아나네요."

"틀림없습니다. 보살님이 전생에 지극정성으로 시부모님을 봉양한 공덕으로 금생에 만석꾼 집에 태어난 것 아니겠습니까?"

"구정물에 손 한 번 넣어 본 일이 없는 것은 물론이고, 상추쌈조차 옆에서 싸서 주면 받아먹기만 했습니다. 평생을 무엇이나 뜻대로만 하고 호강만 하였는데, 결혼해서 남편을 잃고 이제는 하나뿐인 자식까지 잃었으니, 이 모두가 술을 판 과보요, 전생의 인과응보인 것 같습니다."

시부모 봉양을 지성으로 한 복은 복대로 받았지만, 술장사를 하면서 좋지 않은 업을 지었기 때문에 금생에 아들을 잃고 정신을 잃는 업보를 받은 것임을 그녀는 스스로 깨달은 것입니다. 이와 같은 자신의 인과응보를 분명히 깨달은 안교수는 완전히 정상인으로 돌아와, 현재 매우 의미 깊은 사회활동을 하고 있습니다.

이 불어닥쳤습니다. 당시 서울대학교에 재학 중이던 사령관의 외아들이 친구들과 함께 감포 앞바다로 해수욕을 갔다가 물에 빠져 죽은 것입니다.

이 사고로 2군사령부 전체는 초상집처럼 변해버렸습니다. 사령관은 먹지도 자지도 않고 방 안에만 들어앉아 있었으며, 거의 실신상태에 빠진 부인은 엎친데 덮친 격으로 2층 계단에서 굴러 떨어져 머리를 크게 다쳤습니다.

이윽고 팔공산 동화사에서 아들의 49재(齋)를 지내게 되었습니다. 나는 다른 볼 일로 참석할 수 없었으므로 뒤늦게 그 날 있었던 일을 전해듣게 되었습니다.

스님들의 독경과 염불을 들으며 아들의 명복을 빌던 사령관은 갑자기 자리를 박차고 일어나 위패를 모신 영단(靈壇)을 향해 벽력같이 소리를 내질렀습니다.

"이 놈의 새끼! 모가지를 비틀어 죽여도 시원찮은 놈! 이놈―!……"

감히 보통 사람으로는 입에도 담지 못할 욕설을 있는대로 퍼붓고는 재가 끝나지도 않았는데 법당을 뛰쳐나가 버렸습니다. 독경하던 스님과 재에 참석했던 사람들은 영문을 알 수 없는 돌발적인 소동에 어리둥절해 할 뿐이었습니다.

그날 밤 1시경, 2군사령부 헌병대장이 나를 데리러 왔습니다. 낮에 있었던 소동도 소동이지만 통행금지 시간이 넘은 야밤중에 헌병대장을 시켜 나를 데려 오라고 한 데에는 필시 까닭이 있으리라 짐작하며 사령관 공관으로 갔습니다. 가는 도중, 헌병대장은 사령관의 아들이 어떻게 죽었는지를 소상히 일러주었습니다.

"이번에 죽은 아들은 저희 사령관님의 금쪽같은 외동아들입니다. 친구 둘과 감포 해수욕장에 갔다가, 사람들이 많은 해수욕장을 피하여 주위의 높은 바위 위로 올라 갔습니다. 그 바위에서 다이빙을 하였는데, 친구 둘은 금방 물 위로 나왔으나 사령관의 아들만은 한참이 지나도 나오지 않았습니다. 이상하다 싶어 황급히 수색해 보니 그 아들은 뾰족한 바윗돌에 명치를 찔려 숨져 있더라는 것입니다. 그토록 말 잘 듣고 착하던 외아들이 그렇게 죽었으니 어찌 분통이 터지지 않겠습니까."

잠시 후 나는 사령관이 기거하는 내실로 안내되었습니다. 방 안에 촛불을 밝혀 놓고 따로이 자리 하나를 마련하여 내가 오기를 기다리고 있던 사령관은 내가 방으로 들어서자 마자 절을 올리는 것이었습니다.

"스님, 제가 지금까지 불교를 믿기는 믿었어도 헛껍데기만을 믿고 있었습니다. 오늘부터는 불교를 진짜로 믿을 수 있을 것 같습니다."

'이게 도대체 무슨 소리인가?'

의아해하는 나에게 자리를 권한 사령관은 자신의 과거 이야기 한 편을 들려 주었습니다.

"6·25사변 당시 저는 30여단장을 역임하고 있었습니다. 늘 자신감에 넘쳐 흘렀던 나는 백두산 꼭대기에 제일 먼저 태극기를 꽂기 위해 선두에 서서 부대원들을 지휘하며 북진에 북진을 거듭

하고 있었습니다.

그런데 갑자기 이승만 대통령으로부터 전문(電文)이 날라왔습니다. '지휘관 회의가 있으니 급히 경무대로 오라'는 것이었습니다. 저는 황급히 경무대를 향해 출발하면서, 평소 아끼고 신임하던 부관에게 거듭거듭 당부하였습니다.

'지금 들리는 바 소문에 의하면 중공군 수십 만 명이 내려오고 있다고 한다. 한시도 경계를 게을리 해서는 안된다. 만일 내가 시간 내에 돌아오지 못하면 부관이 나 대신 백두산 꼭대기에 태극기를 꽂아라.'

그런데 '가는 날이 바로 장날'이라더니, 그날 저녁 중공군 30만 명이 몰려와서 산을 둘러싸고 숨쉴틈 없이 박격포를 쏘아대는 바람에 우리 부대원들은 거의 대부분이 몰살 당하였습니다. 뒤늦게 급보를 받고 달려가 보니 눈뜨고는 볼 수 없는 처참한 광경이었습니다. 저는 급히 부관을 찾았습니다.

'부관은 어디에 있는가?'

얼마동안 찾다가 '어찌 그 와중에 부관인들 무사할 수 있었을까' 하는 생각에 한가닥 희망조차 포기한 채 허탈한 마음으로 사무실에 앉아 있었습니다. 그 때 당연히 죽었을 것으로 여겼던 부관이 쫓아 들어왔습니다.

'살아 있었구나. 어떻게 너는 살아 남을 수 있었느냐?'

'죄송합니다. 실은 이웃 온천에 있었습니다.'

'온천? 누구와?'

'기생들과 함께……'

'너같은 놈은 군사재판에 회부할 깜도 되지 못한다. 내 손에 죽어라.'

어찌나 부아가 치미는지 그 자리에서 권총 세발을 쏘았고, 부관은 피를 쏟으며 나의 책상 앞에 꼬꾸라졌습니다.

그것이 바로 21년 전의 일인데, 어찌된 영문인지 오늘 낮 아들의 위패를 놓은 시식장(施食床) 앞에 그 부관이 나타난 것입니다. 그 모습이 너무도 생생하였으므로 엉겁결에 일어나 고함을 치고 욕설을 퍼부었습니다.

그런데 집에 돌아와 곰곰히 생각해보니, 바로 그날 죽은 부관이 이번에 죽은 아들로 태어난 것이 틀림없음을 깨달았습니다. 부관이 죽은 날과 아들이 태어난 날짜를 따져보아도 정확하게 일치하는 것으로 보아서도 틀림이 없습니다. 그래, 야밤임에도 불구하고 스님을 모셔오게 한 것입니다."

당시의 2군사령관이었던 육군 중장 박은용 장군은 이렇게 이야기를 매듭지었습니다. 부관은 자기의 가슴에 구멍을 내어 죽인 상관의 가장 사랑하는 외동아들로 태어났고, 가슴을 다쳐 죽음으로서 아버지의 가슴에 구멍을 낸 것입니다.

째보 아이로 태어난 염소

1975년 내가 태백산 도솔암(兜率庵)에서 몇 철을 살았을 때, 아랫 마을의 가난한 시골집에서 기이한 일이 일어난 것을 볼 수 있었습니다.

어느 날 그 집 안주인이 아들을 낳았는데, 그 아이는 모양이 아주 흉한 째보였습니다. 그것도 보통 째보가 아니라 볼 두 쪽이 쌍으로 째어진 째보였습니다. 울 때마다 째어진 뺨은 팔딱팔딱거렸으며, 뾰족한 턱에 울음소리까지 꼭 염소의 그것이었습니다.

이 아이는 자랄수록 불량스러워 졌습니다. 돌이 막 지나 두 살된 아이가 불량을 떨면 그 누구도 걷잡을 수가 없었습니다. 아버지가 세수하기 위해 잠깐 벗어 놓은 시계를 구정물에 집어 넣는가 하면, 어머니 화장대에 놓인 화장품 등을 잡히는 대로 집어 던지기 일쑤였으며, 병이고 동이고 항아리고 살림살이는 모두 다 메어쳐서 깨트렸습니다. 그런데 그 집 식구들끼리 기이한 이야기

44

를 하고 있었습니다.

그 몇 해 전, 식구들이 모두 영양실조에 걸려 건강이 염려스러울 지경에 이르렀을 때, 이웃 사람들이 염소고기를 먹으면 좋다고 권하여 염소를 한 마리 구하여 잡아먹었습니다. 그런데 염소를 그냥 잡으면 노린내가 나서 먹을 수가 없으므로 죽이기 전에 특별한 방법을 썼다는 것입니다. 염소 목에다 지게의 끝에 붙어 있는 지게 꼬리끈을 매달았습니다. 짐을 실은 무거운 지게를 끌게 하여 모진 고통을 주면 노린내가 없어진다는 말을 들었기 때문이었던 것입니다.

집안 식구들은 자신들의 건강을 위해 염소를 논뜰 밭뜰로 끌고 다녔습니다. 이렇게 일주일 동안을 쉬지 않고 굶겨서 끌고 다니자 탈진한 염소는 마침내 쓰러져 죽었고, 가족들은 그 염소를 잡아서 삶아 먹었습니다. 그리고 곧 태기가 있어 이 아이를 낳게 되었던 것입니다.

그 집안 사람이나 마을 사람들은 그 아이의 생김새와 울음소리, 나쁜 짓만 골라서 하는 아이의 짓거리를 보고 '저게 집안을 망치고 원수 갚으러 태어난 것이 틀림없다'며 한결같이 입을 모았드렸습니다.

축생이라 할지라도 가혹하게 죽으면 원심(怨心)을 품게 됩니다. 그 과보가 결국은 누구에게로 돌아가겠습니까? 콩 심은 데 콩나고 팥 심은 데 팥이 난다는 속담이 영원히 변치 않는 진리라는 사실을 잊어서는 안됩니다.

능구렁이가 아들로 태어나

가끔씩 나를 찾아오는 신도 남진여심(南眞如心)의 이야기입니다.

그녀는 "동창이 밝았느냐 노고지리 우지진다"라는 시조를 지은 남구만(南九萬, 1629~1711) 대감의 후손으로, 매우 큰 대갓집에서 태어나 유복하게 자랐습니다.

그녀가 시집을 가기 직전인 어느 날, 부엌에 들어갔다가 부엌 대들보 위에서 팔뚝보다 굵고 길이가 두 발이나 되는 능구렁이가 바닥으로 떨어지는 것을 보았습니다.

"악!"

너무나 놀란 그녀는 날카로운 비명을 질렀습니다. 비명을 듣고 마당에서 일하던 머슴들이 쫓아와서 보니, 아씨는 두 손으로 얼굴을 가리고 있고, 구렁이는 높은 곳에서 떨어져 정신이 없어서인지 멀뚱하게 움직이지 않다가 사람들이 온 것을 알고 장작더미 속으로 들어가려 하였습니다.

　머슴들은 장작더미 속으로 반쯤 들어간 구렁이를 쇠고랑으로 찍어 죽인 다음, 냇가로 가서 불에 구워 막걸리 한 말과 함께 걸판지게 먹었습니다.

　그뒤 얼마 지나지 않아 남진여심은 시집을 갔고, 부엌에서 본 것과 꼭같은 능구렁이가 노적가리 앞에 또아리를 틀고 있는 태몽을 꾸고 외동아들을 낳았습니다.

　아들은 건강하게 자랐습니다. 그리고 어찌나 점잖은지 생전 웃는 일도 떠드는 일도 없었습니다. 누가 웃기는 말을 해도 '피식' 하고 말뿐, 껄껄거리는 일도 없었습니다.

　어느덧 아들은 서울대학교 의과대학에서 인턴·레지던트 과정을 거쳐 병원을 개업할 준비를 하고 있었고, 그의 약혼녀 또한 약대를 졸업하여 새로 개업할 병원 옆에 약국을 차릴 작정을 하고 있었습니다. 또한 진여심의 남편은 대법관까지 지냈고, 이화여대를 나온 두 딸은 좋은 남편을 만나 잘 살고 있었습니다. 그야말로 이 집안의 분위기는 행복 그 자체였습니다.

　그렇게 좋은 시절을 보내던 어느날, 아들은 동생들과 대화를 나누다가 무엇이 맞지 않았는지 시집간 동생의 뺨을 사정없이 후려치는 것이었습니다. 옆에서 보고 있던 진여심은 버럭 소리쳤습니다.

　"이놈의 자식이 미쳤나. 네 동생이 무엇을 잘못했다고 때리느냐?"

　진여심이 남편의 지팡이로 아들의 등짝을 한차례 때리자, 아들

은 지팡이를 빼앗으며 살기등등한 눈으로 어머니를 노려 보았습
니다.

"이놈아, 때리면 때렸지 어쩔 거냐? 이놈이 정말 미쳤구나."

진여심이 다시 소리를 지르자 아들은 지팡이를 콱 부러뜨려 버
렸습니다. 그 때 마침 친구로부터 전화가 걸려와 아들은 삼각산
골짜기로 놀러 갔습니다.

그들은 개를 한마리 끌고 가서 두드려 잡은 다음, 그 개고기를
안주 삼아 술을 실컷 먹으며 놀았습니다. 그리고 세검정의 시원
찮은 여인숙에 들어갔습니다. 모두가 한 방에 자자고 했으나 진
여심의 아들만은 고집을 부리면서 독방을 사용했습니다.

그런데 아침이 되어 아무리 불러도 그 방에서는 인기척이 들리
지 않았습니다. 문을 부수고 들어가 보니 연탄 과열로 비닐 장판
과 함께 살이 타버려서 몸을 바싹 오그라뜨린 채 죽어 있었던 것
입니다.

남진여심은 가슴이 찢어지는 고통 속에 빠져 들었습니다. 거기
에다 남편은 '당신 때문에 그 순하던 아이가 죽었다'고 원망하면
서 큰 딸이 사는 미국으로 가버렸습니다.

진여심은 나날을 울음으로 지새우며 지내다가 얼마 후 나를 찾
아와 애절한 사연을 들려 주었습니다. 나는 수많은 인과응보의
사례를 들려주면서 그녀의 마음을 다소나마 편안하게 만들어 주
고자 하였고, 그녀는 참회기도를 통하여 다시 마음의 평안을 얻
었습니다.

순간의 사랑놀이

　이번에는 심령과학과 관련된 내가 아는 신도의 남편이 겪은 일을 이야기 하겠습니다. 그 신도의 남편되는 이는 본래 건강하고 몸도 아주 장대한 분이었는데, 갑자기 고열과 함께 기침을 하고 각혈을 하여 급히 병원으로 옮겼습니다. 그런데 진찰을 하던 의사가 부인을 크게 나무라는 것입니다.

　"사람을 어찌 이 지경이 되도록 내버려 두었습니까?"

　영문을 알 수 없었던 부인이 의사에게 자세히 물어 보니 폐병 3기라는 것이었습니다. 부인은 남편을 병상 옆에서 간호를 하면서도 그 까닭을 알 수 없었습니다.

　'그토록 건강하던 사람이 갑자기 어떻게 폐병 3기가 되었을까?'

　부인은 이러한 생각을 지울 수가 없었습니다. 본래 신심이 돈독했던 그 부인은 남편의 쾌유를 위해 청도 운문사(雲門寺)에 가서 백일기도를 하다가, 하루는 나를 찾아왔습니다. 어찌 했으면 좋겠느냐고 심히 걱정을 하는 것이 안타까워 이렇게 일러 주었습니다.

"서울에 안동민(安東民) 씨라고 심령과학을 전문으로 연구하는 유명한 분이 있으니 한 번 찾아가 보라."

안동민 씨는 본래 소설가로서, 중간에 심령과학 쪽에 관심을 가지고 많은 공부를 하여 보통 사람이 보지 못하는 것을 보기도 하고 알지 못하는 것을 알기도 하는데, 그렇다고 하여 무당도 아닙니다.

그 신도가 안동민 씨를 찾아가 모든 사유를 이야기하자, 안동민 씨는 남편을 데리고 함께 오라고 했습니다. 다음날 남편과 함께 다시 찾아가자, 몇 가지 물어본 안동민 씨는 단호한 음성으로 남편을 다그치는 것이었습니다.

"당신이 얼마 전 여자를 데리고 산에 올라갔다가 큰 나무 밑에서 나쁜 짓 하지 않았습니까?"

남편은 자신의 1급 비밀을 알아맞히는 것을 보고 크게 당황했습니다. 그러나 지금의 중병을 고치기 위해서는 바른대로 말하지 않을 수도 없는 일이었습니다.

얼굴이 뻘개진 그는, 술을 먹고 마음이 동하여 술집 여인과 산에 놀러 갔다가 그런 실수를 하게 되었다고 고백하자, 안동민 씨는 그 때 그 여인 때문에 지금의 나쁜 병이 생긴 것이라고 하였습니다.

"폐병 3기의 한 젊은 여자가 세상을 비관하다가 그 나무에 목을 매어 죽었고, 그 여자는 그 나무에 집착하여 떠나지 못하고 있었습니다. 당신이 그 나무 밑으로 여자를 데리고 가서 나쁜 짓을 할 때 당신에게 폐병 3기의 여자 귀신이 덤볐기 때문에 발병한 것입니다. 언제나 자기가 폐병 3기의 환자라고 알고 있는 그 여자 귀신은 당신의 몸을 자기 몸으로 생각하고 있기 때문에 당신이 폐병 3기의 병을 앓게 된 것입니다.”

이렇게 심령학자로서의 진단을 내린 다음, 안동민 씨가 남편의 손을 잡고 ‘옴마니반메훔’ 주문을 읽으며 제령의식(除靈儀式)을 행하자 곧 완쾌되었다는 것입니다.

남편과 함께 병원에 가서 엑스레이 사진 촬영을 하고 다시 진찰을 해 보니 과연 완치되었으며, 담당 의사도 이상한 일이라고 하였습니다.

이 남자는 여자 폐병 환자가 목을 매달아 죽은 나무 밑에서 나쁜 짓을 하다가 병을 얻어 갖은 고생을 한 것입니다. 삿된 음행의 과보로는 복을 깎고 부정한 부부를 만나게 된다는 것 이외에도, 주위 사람들로부터 존경을 받지 못하고 병을 얻거나 신용을 잃어 폐가망신을 하게 되는 수가 흔히 있습니다. 이것은 인과를 따지기 이전의 윤리 문제이므로 인과를 논하기에 앞서 스스로 절제함이 마땅한 일입니다.

원양어업을 한 박처사

내가 창원 성주사(聖住寺)에 있었을 때, 마산에 신심이 돈독한 박처사라는 이가 있었습니다. 또 그 부인의 불심은 더욱 깊었습니다. 집이 부자여서 시주를 많이 하였는데, 나중에 알고 보니 큰배를 부리면서 고래를 잡는 원양어업(遠洋漁業)을 한다는 말을 듣고 본인에게 물었습니다.

"박처사, 정말 고래 장사를 합니까?"

"예, 그렇습니다."

"박처사님, 살심(殺心)을 품게 되는 살생하는 직업에 오래 종사하다 보면 자연 나쁜 과보가 돌아올 수 밖에 없습니다. 그 고래배를 당장 팔아 버리고 무역선으로 바꾸시지요."

"예, 이번만 하고 안하겠습니다."

만날 때마다 물으면 '이번 한 번만 더 하고 안하겠다'는 것이었습니다.

그러던 그 해 겨울, 태평양 한복판의 남양군도로 큰 고래를 잡
으러 갔다가 산더미 같은 큰 고래를 만났습니다. 대포를 쏘았지
만 고래가 어찌나 크고 힘이 센지 달려들어서 배를 엎어 버리려
고 했습니다. 선원들이 황급히 돛을 내리고 밧줄을 끊으려 하였
으나 고래가 다시 들어박는 바람에 선장을 비롯한 많은 사람들이
죽었고, 배 또한 파선이 되어 버렸습니다. 결국 그 일 때문에 파
산한 박처사는 한탄했습니다.

"스님 말씀을 진작 들을 것인데 잘못했다."

그러나 이미 때는 늦었고 소용없는 후회에 불과했습니다.

인과를 생각하면 직업을 함부로 선택할 수 없습니다. 신중히
살펴 평생의 업을 잘 선택한다면 그릇된 업은 결코 쌓이지 않게
될 것입니다.

방생한 고기가 아들로 태어나다

부산에 대원성(大圓性)이라는 중년 부인이 있는데, 처녀 때부터 절에 다니며 열심히 방생을 했습니다. 20여 년 전 내가 신도들과 함께 낙동강으로 방생을 하러 갔을 때인데, 배가 막 떠나려 할 즈음 어떤 아주머니가 붕어통을 이고 와서 다급히 말하는 것이었습니다.

"스님, 스님. 이것도 마저 가져 가십시요."

살펴보니 큰 고기가 대 여섯 마리 들어 있었습니다. 방생할 고기는 충분했지만 그 고기만 떼어 놓기가 그러하여 책을 사려고 준비했던 만 원을 주고 그 고기를 다 샀습니다. 나는 목탁을 치고 요령을 흔들며 염불을 해야 했기 때문에 대원성에게 "이 고기를 놓아 주라"고 했습니다. 대원성은 '관세음보살' 염불을 하며 고기를 놓아 주다가, 그 가운데 큰 고기 한 마리를 들고 말했습니다.

"스님, 이 고기 참 좋고 크네요."

"그래. 그 고기는 네 것 해라. 너 가져라."

대원성은 좋다고 하면서 염불을 하며 놓아 주었습니다.

그 뒤 얼마 있다가 대원성은 나이가 들어 시집을 갔고 곧 태몽을 꾸었습니다. 시커먼 먹구름이 가득하던 하늘이 갑자기 갈라지면서 밝은 빛이 쏟아져 내리는데, 고기비늘이 번쩍번쩍하더니 그때 놓아 준 고기가 자기 집 앞마당 한가운데로 쏟아져 내려오는 꿈이었습니다. 그 꿈을 꾼 뒤 아들을 낳았고, 문수보살의 이름을 생각하여 문수라고 이름을 지었다는 것입니다.

그런데 이 문수라는 아이의 눈은 둥글둥글하며 반짝반짝한 것이 꼭 고기눈과 같았습니다. 여러가지 사실로 보아 그 고기가 죽어서 대원성의 아들로 태어났을 것이라는 생각을 지울 수가 없었습니다.

방생 공덕으로 살아난 아들

약 15여 년 전으로 생각됩니다. 저 멀리 남태평양으로 큰 외항선을 타고 가서 고기잡이를 하던 한 청년이 있었습니다. 어느 날 저녁 휘영청한 달빛 아래 망망한 태평양을 바라보노라니 불현듯 고향 생각이 나서 술을 한 잔 마시고 갑판 위에 앉아 노래를 부르고 있었습니다.

그런데 갑자기 배가 꿈틀하는 바람에 바다 속으로 굴러 떨어졌습니다. 한밤중에 사람 하나 떨어진다고 하여도 금방 알 수 없는 몇만 톤의 큰 배였으므로 배는 배대로 가버렸고, 사람은 집채만 한 파도에 휩싸여 꼼짝없이 죽게 되었습니다. 처음에는 어떻게 해 보려고도 하였지만 거센 파도를 이길 수 없어 정신을 잃고 말았습니다.

얼마 뒤 정신이 나서 눈을 떠 보니, 이상하게도 자신의 몸이 바닷물 위에 둥둥 떠 있는 것이었습니다.

'이것이 어찌된 일인가? 내가 분명히 갑판에서 바다로 떨어져 죽은 것이 틀림없는데 어떻게 살아 있는 것인가? 지금도 바다 한복판에 있는데, 어떻게 떠 있는 것일까?'

이상하게 생각하면서 자신이 떠 있는 물밑에다 가만히 손을 대 보니, 무엇인가가 자기를 떠받치고 있음을 알 수 있었습니다. 마침 날이 밝아 왔으므로 주위를 살펴보니 역시 자신은 망망대해에 떠 있었고, 자신을 떠받치고 있는 것이 큰 거북이임을 알게 되었습니다. 거북이는 물 속 깊이 들어가지 않고 등이 물 위에 나타날 정도로만 가고 있었으며, 또한 파도 없는 곳으로만 찾아다녔습니다.

그는 사흘 동안을 거북이의 등 위에서 살았습니다. 이틀째 되는 날, 멀리서 배 한 척이 지나는 것을 보고 소리를 치며 옷을 벗어 흔들어 보였지만 거리가 먼 배는 그냥 지나쳐서 가버렸고, 3일만에 영국 상선을 만나 구조를 받았습니다.

영국 사람들은 물에 빠진 사람이 살려 달라고 구조를 청하는 것을 보고 배를 가까이 대었더니, 웬 사람이 고무보트를 탄 것 같지도 않은데 물 위에 그대로 서 있었으므로 사람인지 귀신인지를 분간할 수가 없었다고 합니다. 고무보트를 탔더라도 파도에 흔들리고 일렁이게 마련인데, 거북이가 밑에서 물결을 조절해 주어 평지에 서 있는 사람처럼 보였으므로 더욱 의심스러웠다는 것입니다.

영국 사람들은 곧 작은 배를 띄워 그를 구조했습니다. 그때 거북이는 고개를 쑤욱 내밀고 그가 큰 배에 오르는 것을 보고는 배

주위를 한 바퀴 돌아서 물 속으로 모습을 감추었다고 합니다. 방생을 할 때 자라를 물 속에 놓아 주면 물에 들어갔다가 다시 나와 고개를 들어 놓아 준 사람을 쳐다본 다음 물 속으로 자취를 감춥니다. 어찌 보면 참으로 까닭이 있는 일인 듯합니다.

이 사건이 국내에 전해지자 신문마다 사회면의 톱뉴스로 보도하였습니다. 그런데 이 사람이 누구인가? 바로 그 당시 부산 대각사(大覺寺)의 방생회 회장보살님의 아들이었습니다. 어머니는 방생을 하면서 항상 아들을 위해 빌었습니다.

"우리 아들 몸 성히 돌아오게 해 주십시오."

어머니의 정성이 아들에게 미쳐서 그와 같은 가호(加護)를 받게 된 것입니다. 다달이 날짜를 정해 놓고 꾸준히 방생을 하고 기도를 하면 몸에 있는 병도 낫고 업장도 소멸되고 운명도 개척됩니다. 근심 걱정이 많고 하는 일에 장애가 있거든 모든 것을 떨쳐버리고 방생을 해보십시오. 오히려 맺혀진 모든 일의 매듭이 풀어질 것입니다.

II

유명인이
실증한
윤회와 인과

불심천자 양무제의 살생

　중국 남북조시대(南北朝時代)의 양(梁)나라 무제(武帝 : 502∼ 549)는 불심이 뛰어나고 불사도 많이 하여 '불심천자(佛心天子)' 라는 호를 얻은 분입니다. 그는 중국 제일의 신승(神僧)으로 전 해지는 지공(誌公)화상을 지극히 존중하여 귀의하였고, 달마대 사와는 인연이 맞지 않아 헤어진 것으로도 유명합니다.

　그런데 양무제가 스승으로 존경한 승려 중에 합두(榼頭)스님 이라는 분이 계셨습니다. 어느 날 양무제는 자문을 구할 일이 있 어 합두스님을 모셔오도록 하였습니다.

　사신이 합두스님을 모시러 간 사이, 양무제는 다른 신하와 바 둑을 두었습니다. 황제와 두는 바둑이라 하여 일부러 져 주면 아 첨배라 하여 감점을 당하고, 소신껏 두는 신하에게는 칭찬과 함 께 상을 내리는 양무제의 성품을 잘 아는 신하들이었으므로 자신 의 실력을 다하여 승부를 가리게 마련이었습니다.

그런데 이 날 따라 상대의 바둑실력이 만만치 않아 양무제는 열이 오를대로 올랐습니다. 한 판을 두고 두 판째 들어간 양무제는 자기 알이 자꾸만 죽게 되자 열이 올라 소리쳤습니다.

"에잇, 죽여라."

자신의 알이 죽는 것이 아까웠으므로 화가 나서 "에잇, 죽여라!"하고 크게 외쳤던 것입니다.

그러나 양무제는 이 한 마디의 외침이 엄청난 결과를 안겨다 준 저주의 고함이 될 줄 미처 알지 못했습니다. 그 고함소리로 인해 양무제 자신이 지극히 존경해 마지 않던 합두스님의 목숨이 끊어져야 했기 때문입니다.

합두스님을 모시고 온 사신이 문 밖에서 국궁배례하여, "폐하, 합두스님을 모셔왔습니다"라고 아뢰자마자 대전에서 "에잇, 죽여라"하는 진노한 양무제의 고함소리가 들려왔습니다.

'합두스님께 어떤 잘못이 있을 리는 없고, 누구인가 모함을 했을 것임에 틀림없다. 폐하의 목소리가 저다지 진노한 터에 시간을 지체하여 명을 거행하게 되면 나에게까지 무서운 벌이 내려질 것이다.'

생각이 여기에까지 미친 사신은 다시 진언할 엄두조차 내지 못한 채 백배 사죄하면서 합두스님을 형장으로 데리고 갔습니다.

"스님, 대단히 죄송합니다. 무슨 영문인지는 알 수 없으나 스님을 모시고 왔다는 말씀을 사뢰오니 크게 진노하시면서 '죽여라'고 하셨습니다. 어찌해야 하옵니까?"

"걱정 말고 어서 가세. 어느 명이라고 거역하시겠는가."

합두스님은 허허 웃으면서 단두대로 스스로 올라가 가부좌를
하고 앉으신 다음 게송을 읊었습니다.

사대는 본래가 공(空)이요

오온은 본래의 나가 아닐세

머리를 들어 봄바람에 나아가니

칼로 봄바람을 베는 것 같도다

　四大本來空

　五蘊本非我

　以首前春風

　猶如斷春風

'지(地)·수(水)·화(火)·풍(風)의 4대 구성요소로 이루어
진 육신은 본래 공한 것이요, 생명체를 구성하고 있는 정신적 작
용과 물질적 요소를 다섯 가지로 분류한 오온 또한 본래 내가 아
니다. 내 이제 이 머리를 가지고 칼날 앞에 임하니, 날카로운 칼
이 머리를 베는 것은 마치 봄바람을 베는 것과 다름이 없다. 내
몸뚱이랄 것도 없고 산다, 죽는다고 할 것도 없으니 조금도 괘념
하지 말라'는 뜻으로 이 게송을 외우신 것입니다. 그리고는 다시
태연한 자세로 웃으시면서 업보를 말씀하셨습니다.
　"내가 먼 전생에 조그만 동자승으로 있었을 때, 산골 밭을 매
다가 나도 모르는 사이에 괭이로 두꺼비 한 마리를 찍어 죽인 일

64

이 있었는데, 그 때 죽은 두꺼비가 오늘의 양무제가 된 것이라네.
그 때 내가 일부러 죽일려고 해서 두꺼비를 죽인 것이 아니듯이,
오늘의 양무제는 스스로 조차도 알지 못하는 사이에 나를 죽이는
것이다. 이 모두가 전생의 과보를 받는 것일 뿐……."

이 말을 마치고 합두스님은 형장의 이슬로 사라졌습니다. 바둑
을 다 두고 난 양무제는 다시 합두스님 생각이 나서 승지에게 물
었습니다.

"스님을 모셔오라 하였는데 어찌 소식이 없느냐? 스님께서 어
디 가셨다더냐?"

"아니옵니다. 폐하께서 '죽여라'는 하명을 내리사와 분부대로
시행했습니다."

"무엇이! 처형을! 짐이 언제 그런 명을 내렸단 말이냐?"

"아까 바둑을 두시면서 '죽여라'고 크게 엄명하셨나이다."

양무제는 그 소리를 듣고 그만 넋을 잃고 말았습니다. 그만큼
존경하던 스님이었기에 더더욱 정신을 잃고 끝없이 뉘우쳤습니
다. 그러나 한 번 가신 스님을 살려 낼 수는 없는 일이었습니다.
땅이 꺼질 듯한 한숨과 함께 양무제는 한탄조로 물었습니다.

"그래 스님께서 마지막으로 하신 말씀이 없었더냐?"

자세한 이야기를 듣고 난 양무제는 하염없는 눈물을 흘리며 깊
이 참회하고, 그 뒤 다시는 바둑을 두지 않았다고 합니다.

폐불의 왕 주무제의 업보

중국 불교 역사상에는 불교를 박해한 여러 차례의 법난(法難)
이 있었습니다. 그 첫번째는 북위(北魏)의 태무제(太武帝)가
446년 장안의 스님들을 구덩이 속에 묻어 죽이고 경전과 불상들
을 모두 파괴한 법난이며, 두번째는 북주(北周)의 무제가 573년
에 도사 장빈(張賓)과 위원숭(衛元嵩)의 말을 듣고 불교와 도교
를 폐지함과 동시에 4만여 사찰을 왕공(王公)들에게 나누어 주
고 승려와 도사 4만여 명을 군인으로 만들어 버린 법난입니다.

그러나 주무제는 법난을 일으킨 지 1년도 채 못되어 몸 속으로
부터 문둥병의 기운이 일어났고, 온몸의 피부에 부스럼이 돋아
추악한 모습을 띠게 되었습니다. 이에 자신이 지은 죄를 깊이 뉘
우치고 갖가지 치료를 하였지만 고칠 수가 없었습니다. 그리하여
운양궁(雲陽宮)으로 은퇴한 지 7일 만에 죽고 말았습니다.

그런데 당나라 때의 이부상서(吏部尚書)가 저승에 갔다 온 사

람의 이야기를 적은 《당임명보기 唐臨冥報記》에는 이부상서의 외조부였던 수 좌복야 제공(隋 左僕射 齊公)이 저승으로 가서 주무제를 친히 만나 문답한 기이한 이야기가 실려 있습니다. 죽었다가 다시 살아난 그가 죽어서 최초로 만난 사람이 주무제였다는 것입니다.

그 때 주무제는 간곡히 부탁했습니다.

"나를 위해 그대가 수나라 천자에게 사뢰어 주시오. 옛날 나와 수나라 천자는 창고의 구슬과 비단을 함께 훔친 일이 있습니다. 내가 지금 불법을 없앤 죄로 이루 말할 수 없는 큰 괴로움을 받고 있으니 그 보물로 나를 위해 공덕을 지어달라고 전해 주시오."

이 말을 전해 들은 수나라 문제는, '창고에 있는 구슬과 비단을 가진 것은 자신과 무제만이 아는 일인데, 그것을 말하는 것을 보니 의심할 수 없다' 하고, 천하의 모든 사람에게 칙령을 내려서 각각 1전씩을 내게 하여 주무제의 복을 크게 빌어 주었습니다. 재도 올리고 불경을 많이 발간하여 법보시도 하고 큰 절도 짓고 했던 것입니다.

그런데 또 수(隋) 개황(開皇) 8년(588)에는 서울에 사는 두기(杜祈)라는 사람이 죽은 지 3일 만에 살아났는데, 이 사람 또한 무제에 관한 말을 하였습니다. 두기가 죽어서 저승으로 갔을 때 염라대왕이 물었습니다.

"그대는 주무제를 아는가?"

"예, 저는 일찍이 무제의 밑에서 좌무후(左武候)로 있으면서 법을 집행하였기에 아주 잘 아나이다."

그러자 염라대왕은 한 아전에게 명하여 그를 벽과 천장이 온통 쇠로 만들어진 집으로 데려가게 하였습니다. 철장 문 틈으로 들여다보니 안에는 주무제가 있었는데, 몸이 말도 못하게 말라 가죽과 살이 뼈에 바짝 붙어 있었고, 몸의 빛깔도 쇳빛처럼 되어 있을 뿐 아니라 큰 칼과 자물쇠로 묶여 있었습니다. 두기는 그 처참한 모습을 보고 울면서 물었습니다.

"대가(大家)시여, 무슨 죄업이 있어 이 같은 고통을 당하시나이까?"

"내가 위원숭(衞元嵩)의 말을 믿고 불법을 헐었기 때문에 이 고통을 받는 것일세."

"그러면 어찌하여 위원숭은 이 곳에 끌려오지 않았습니까?"

"내가 이야기하여 나졸들이 삼천대천세계 구석구석을 다 뒤졌지만 찾지를 못한 모양이오. 만일 그가 아침에 오면 나는 저녁에 곧 벗어남을 얻을 것이니, 경이 세상에 돌아가면 세상 사람들에게 말을 잘하여 위원숭을 위해 복을 지어 주도록 해 주오. 그렇게 해서 그가 빨리 와야 서로가 구함을 얻을 것입니다. 만일 이 일이 이루어지지 않으면 벗어날 기약이 없소."

주무제는 간절히 애원하였다고 합니다.

현장법사의 간병

〈서유기〉를 통하여 우리에게 널리 알려져 있는 당나라의 현장 법사(玄奘法師)는 청소년 시절부터 재주와 지혜가 뛰어났고, 당 태종은 출가한 그를 나라의 보배로 일컬을 정도로 존중했다고 합니다.

일찍이 현장법사는 불전의 원서인 범본(梵本)을 배워서 아직 번역되지 않은 《대반야경 大般若經》을 비롯하여 모든 불경을 번역하겠다고 원을 세웠습니다. 그 원을 성취하기 위해 현장법사는 629년 8월 당태종과 주위의 만류를 뿌리치고 인도 유학의 장도에 올랐습니다. 그러나 교통수단이 미개했던 당시에는 생명을 건 위험을 감수하며 중앙아시아의 험악한 산악과 사막을 지나가야만 했습니다.

현장법사는 당국의 허락 없이 제자 40명만을 데리고 은밀하게 길을 떠나면서, 절 앞에 서 있는 소나무를 향해 고별시를 남겼습니다.

> 나 이제 서쪽 나라 천축으로 가노니
> 가는 길 험난하여 목숨을 잃거나
> 천축에 들어가 다시 오지 못할지라도
> 소나무야 너만은 천년만년 잘 자라다오

현장법사 일행이 중앙아시아의 관문인 서역 땅 계빈국의 국경에 이르렀을 때에는 40명의 제자 가운데 살아남은 사람이 한 명도 없었습니다. 홀몸이 된 현장법사는 하염없는 외로움을 안고 큰 강가에 이르렀으나 나룻배 마저 없었습니다. 그 때 마침 상류로부터 집짓는 재목들이 떠내려오는 것을 보고 생각했습니다.

"저 상류를 거슬러 올라가면 민가가 있을 것이니 쉬어 가기로 하자."

한참 올라가자 잡초가 우거진 쓸쓸한 고찰이 눈에 띄었고, 안쪽으로부터 신음하는 소리가 들려와서 들어가 보니 문둥병을 앓는 노비구가 있었습니다. 현장법사는 평소 익혀 둔 서역말로 병든 노비구만 홀로 있는 내력을 물었습니다.

"이 절에는 원래 대중이 많이 있었는데, 내가 이와 같은 업병(業病)을 앓게 되자 대중이 한 사람 두 사람 다 떠나고 만 것이오."

비록 구법의 길이 바쁘기는 하였지만 그대로 놓아 두면 당장 숨이 넘어갈 병든 노비구를 외면할 수는 없었습니다. 현장법사가 지성을 다해 간병하자, 다행히 노승은 얼마 있지 않아 완쾌되었습니다. 노승은 그지없이 감사하며 더 머무르기를 권하였지만, 현장법사는 곧 떠나야 한다며 하직 인사를 드렸습니다.

그 노승은 품 속에서 범어로 된 《반야심경》 한 권을 꺼내어 선물하였습니다.

이 책은 달리 《신승전수범본심경 神僧傳授梵本心經》이라고도 하는데, 현장법사는 그 뒤 이 경의 가피를 많이 입었습니다. 경문을 전수받은 이후 현장법사는 재난을 당할 때마다 이 경을 독송함으로써 모든 액난을 면할 수 있었습니다.

특히 현장법사가 인도에 있는 항하(恒河 : 갠지즈강)의 한 지류를 통과할 무렵, 그 곳의 주민들이 떼를 지어 덤벼들어 순식간에 사지를 묶어 버리는 것이었습니다. 현장법사는 그동안 익힌 인도말로 물었습니다.

"왜 나를 이렇게 결박하는 것이오?"

"항하의 제물로 바치려는 것이오."

그들은 솔직하게 대답했습니다. 항하의 수신(水神)을 잘 대접해야 농사가 풍년이 드는데, 그 대접하는 방법이 사람을 바쳐 1년에 한 번씩 제사를 올리는 것이었습니다. 마침 그 날이 제사날이었고, 현장법사가 공교롭게 그 곳을 지나가게 되었으므로 같은 마을의 안면있는 사람들을 죽이기보다는 외국인을 죽이기가 인정상 쉬운 일이라 실례를 한다는 것이었습니다.

현장법사는 '남을 대신하여 죽는다는 것이야 불자의 당연한 도리'라 생각하고 있었으므로 목숨을 주는 것은 아깝지 않았지만,

인도땅에 도착하여 범본을 구하지도 못한 채 죽는다는 것이 안타까웠습니다.

"이 모두가 전생에 지은 업장 때문인가? 따라오던 제자 40명을 다 죽이고 이제 자신까지 죽게 되었으니……."

현장법사는 마음으로 깊이 참회하며 그들에게 청했습니다.

"나는 출가한 승려입니다. 당신네들 모두가 잘 살게 될 수 있다면 내 목숨을 기꺼이 줄 것이오. 그러니 죽기 전에 경문이나 한 번 읽을 수 있도록 이 포승줄을 약간 늦추어 주시오."

현장법사는 《신승전수범본심경》을 품에서 찾아내어 세 번을 읽었습니다. 그 순간, 새까만 먹구름이 하늘을 뒤덮고, 회오리바람이 일어나 모래흙을 수십 길이나 끌어올리는 것이었습니다. 이러한 이변에 놀란 주민들은 대경실색하여 현장법사를 풀어 주었습니다.

그 뒤 현장법사는 인도의 나란타대학에서 여러 해 동안 학문을 연구하였고, 그 대학의 대학원장급에 해당하는 직책과 예우를 받았으며, 귀국할 때는 천축국의 왕이 나라의 보배로 받들면서 환국을 허락하지 않을 정도였다고 합니다.

마침내 귀국한 현장법사는 그의 서원처럼 번역불사로 생애를 끝내게 되었는데, 그 어떤 경전보다 《반야심경》을 먼저 번역하였다고 합니다.

그런데 이상한 것은, 귀국 길에 노승의 중병을 간호해 주고 범본 《반야심경》을 얻었던 계빈국의 고찰을 다시 찾아보았지만, 노승은 고사하고 헐어 빠진 고찰의 자취도 찾을 수 없었다고 합니다. 후일 현장법사는 그 병든 노화상이 관세음보살의 시현이었다고 하셨습니다.

물론 현장법사가 불법과 인연이 깊은 분이기 때문에 관세음보살님이 가피를 나타낸 것이라고 볼 수도 있겠지만, 모든 사람이 무섭다고 떠나 버린 문둥병 환자를 지극 정성으로 돌본 그 마음가짐이 모든 환란을 벗어나게 하고 《반야심경》을 얻게 한 것이라는 근원적인 사실을 반드시 명심해야 합니다.

마음 속에 자비심이 깃들면 세상은 자연히 바뀌기 마련입니다. 정성을 다한 간병! 그것이 진심일 때 모든 환란은 저절로 사라지고 좋은 일은 스스로 찾아드는 것입니다.

악창을 고친 오달국사

　중국 당(唐)나라 지현법사(知玄法師)의 속성은 진(陳)씨로, 능히 삼학(三學)을 꿰뚫었고 많은 이적(異跡)을 보였으므로, 사람들은 스님을 진보살(陳菩薩)이라고 불렀습니다.

　지현스님은 중국 불교사상 손꼽히는 천재 가운데 한 분입니다. 젖 먹던 갓난아이 때부터 불상이나 불화를 보면 경의를 표하며 좋아하였고 다섯 살에 시를 지을 정도였습니다. 일곱 살에 《열반경》을 강하는 것을 듣고 법열(法悅)을 느꼈으며, 꿈에 법당의 본존불이 이마를 만져 주심을 감득(感得)하고 일찍 출가했습니다.

　스님은 특히 계행(戒行)을 잘 지켰고 정혜(定慧)를 남달리 닦아 대중 가운데 뛰어났습니다. 항상 마음이 자비하여 화를 내지 아니하였으므로 대중스님들은 그를 추천하여 '간병(看病)'의 소임을 보게 하였습니다.

　하루는 어디서 성질이 포악하고 인물이 괴상한 노스님이 병당

(病堂)으로 들어왔는데, 자기의 요구대로 해 주지 않으면 마구 때리고 야단을 치는 것이었습니다. 게다가 그 환자의 병은 문둥병이었습니다. 온 몸이 곪아터져 피가 나고 고름이 났으며, 고약한 냄새가 온 방에 진동했습니다.

그러나 지현스님은 그 문둥병 환자의 피·고름과 신경질을 싫어하지 않고 곁에서 열심히 간병했습니다. 오히려 더욱 불쌍하게 생각하고 좋은 약이 있으면 정성껏 구해 드렸습니다. 지현스님의 지극한 간호의 덕택이었던지 그렇게 중한 문둥병이 3개월만에 완치되었습니다. 그는 떠나면서 지현스님을 극구 칭찬했습니다.

"현세의 보살은 바로 스님 같은 사람이오. 복을 짓는 일 가운데는 간병보다 더 나은 것이 없다 하였소. 스님의 정성으로 병이 이렇게 나았으니, 내 한 가지 일러주리다. 스님 나이 40이 되면 나라의 국사로 뽑혀 천하의 존경을 받을 것이오. 그 때 만일 천하제일의 음식을 먹고 천하 제일의 의복을 입고 황제와 나란히 봉연(鳳輦)을 타고 다닌다 하여 마음을 교만하게 가지면 크게 고통받는 일이 생기리다. 그 때는 꼭 나를 찾아야 할 것이니 부디 잊지 마시오."

"스님은 별 말씀을 다 하십니다. 저 같은 사람이 무슨 국사가 된다는 말씀입니까? 천하 일미도, 천하 제일의 의복도 다 소용이 없습니다. 오욕을 버리고 출가수도하는 것은 성불을 하여 무량중생을 제도코자 하는 데 목적이 있는 것이니, 혹 그런 지위가 저에게 주어진다 하더라도 초근목피(草根木皮)와 현순백결(顯順白潔)의 누더기를 버리지 않겠습니다."

　지현스님은 누구보다도 계율을 중시했고 수행을 일념으로 다져온 터이라, 그렇게 어리석은 파계와 해태한 행동을 하지 않을 자신이 있어 그렇게 대답한 것이었습니다.

　"허허, 장담만 앞세우지 마시게. 당해 보면 알 것이니……."

　"그렇다면 스님의 거처를 알아야 찾아가서 뵈올 수 있지 않겠습니까?"

　"아! 다룡산 두 소나무 아래 영지(靈池) 옆으로 오면 만날 수 있다오."

　이런 말을 주고받으며 노장과 지현스님은 작별을 하였는데, 과연 40세가 되자 지현스님은 국사가 되었습니다. 조정에서 나라의 스승으로 모실 훌륭한 도인을 찾아 천하총림에 통문을 돌렸는데, 이구동성으로 지현스님을 추대하였으므로 사양하려 해도 사양할 수가 없었습니다.

　지현스님은 황제의 칙명으로 오달국사(悟達國師)라는 호를 받았고, 금빛 찬란한 비단 장삼에 금란가사를 입고 천하진미만 입에 넣게 되었으며, 만조백관 위에 군림하게 되었습니다. 그리고 황제는 스님을 자기의 봉연에 태우고 다니며 갖가지 자문을 구하였습니다.

　황제가 극진히 존경하고 스승으로 예우하는 터이니 다른 대신들은 더 말할 나위가 없었습니다. 뿐만 아니라 황제에게 자신을 잘 사뢰어 달라는 청탁도 적지 않은 형편이 되어, 마치 자신이 황제가 된 것 같았습니다.

　사람의 마음이란 묘한 것이어서 오달국사는 자기도 모르는 사이에 노병비구의 말대로 교만해지기 시작했습니다. 지난날의 철저했던 계행은 하나 둘 가벼워졌고, 40년 가까이 하루 한끼만 먹던 것도 잊어버리고 말았습니다.

그런데 하루는 아무런 까닭 없이 넓적다리가 쓰리고 아파오기 시작하는 것이었습니다. 만져 보니 난데없는 혹이 하나 생겼는데, 점점 커지더니 주먹만해졌습니다. 더욱 이상스런 것은 그 혹에 눈도 코도 입도 있어 마치 사람의 얼굴과 꼭 같은 것이었습니다. 우선 걸을 때마다 오는 통증으로 얼굴이 크게 일그러졌으므로 국사로서의 체모가 말이 아니었습니다. 그런데 며칠이 지나자 그 아픈 자리에서 이상하게 사람의 말소리가 들려왔습니다.

"오달아, 너 혼자만 좋은 음식을 먹지 말고 나도 좀 주려무나. 그리고 걸음을 걸을 때는 제발 조심조심 걸어 아픔이 좀 덜하게 해다오. 네가 다리를 절뚝거리지 않으려고 억지로 걸음을 걸을 때마다 나는 얼굴이 당겨서 견딜 수가 없구나."

오달국사는 기절초풍을 하며 물었습니다.

"네가 도대체 누구이며 나와는 무슨 원한이 있느냐?"

그러나 인면창(人面瘡)은 입을 다물어 버리고 말을 하지 않았습니다. 백약이 무효하여 고통의 나날을 보내던 어느 날 밤, 오달국사는 몇 년 전에 일러주고 간 그 노장스님이 생각났습니다. "나이 40이 되면 나라의 국사로 추대를 받아 천하 사람의 존경을 받는다"고 한 그 말씀이 쟁쟁하게 울려오자, 오달국사는 부귀고 영화고 다 팽개치고 야반도주를 했습니다.

다룡산 두 소나무 아래의 영지를 찾아가니, 안개가 자욱한 가운데 풍경소리가 들리는 한 칸의 정자에 과연 그 때의 그 노장이 앉아 있었습니다.

"오늘 그대가 올 줄 알고 기다리고 있었노라."

오달국사로부터 인면창 이야기를 들은 노장은 지시했습니다.

"인면창은 바로 그대 원수이니 어서 저 영지(影池)의 물로 말끔히 씻어 없애 버리시오."

오달국사가 영지로 내려가 물로 씻으려 하는데 인면창이 다급히 말했습니다.

"잠깐만 기다리게. 우리의 관계를 밝힐테니…….

나는 옛날 한 나라 경제(景帝) 때의 착오(錯誤)이고, 너는 그 당시 오나라의 재상 원익(袁盎)이었다. 너는 우리나라의 사신으로 왔다가 경제황제께 참소하여 무고한 나를 죽게 만들었던 것이다. 나는 그것이 철천지원이 되어 기회만 있으면 원수를 갚고자 하였다. 그러나 네가 세세생생 중이 되어 계행을 청정히 지니고 마음닦기를 게을리하지 않아 기회를 얻을 수가 없었다.

그런데 마침 네가 국사가 되어, 계행이 날로 해이해지고 수행에 구멍이 나기 시작하자 너를 보호하던 모든 선신이 떠나가 버리더구나. 그 틈에 나는 인면창으로 뿌리를 박을 수 있게 된 것이다.

그렇지만 너는 굳건한 불심으로 많은 사람을 구제해 온 공덕과 특히 병든 스님네를 잘 간병한 공덕이 있어 오늘 저 스님의 은혜를 입게 되었고, 나 또한 저 스님의 가피를 입어 해탈하게 되었다. 이제 그대와의 원한은 모두 잊을 것이다.

이 못은 해관수(解寬水)라는 신천(神泉)인데, 한 번 씻으면 만 병이 통치되고 묵은 원한이 함께 풀어지게 된다. 또 저 스님은 말세의 화주로 다룡산에 계시는 빈두로(賓頭盧) 존자이시다."

오달국사가 그 물로 인면창을 씻자 뼛속까지 아픔이 전해지더니 인면창이 순식간에 사라졌습니다. 날아갈 듯한 기분으로 오달국사는 빈두로 존자를 뵙기 위해 다시 정자로 되돌아 왔습니다. 그러나 정자도 사람도 간 곳이 없고 소나무만 우뚝 서 있었습니다.

그로부터 오달국사는 그 곳에 머무르면서 《자비수참 慈悲水懺》을 짓고 아침 저녁으로 부지런히 정진하였으며, 구름같이 모여드는 대중들을 지도하여 모든 사람들의 정신적 태양이 되었다고 합니다.

오달국사가 전생의 잘못된 삶을 청산하고 후회 없는 말년을 살 수 있었던 것은 바로 간병을 잘 한 공덕 때문이었습니다.

조건없는 사랑의 간병은 결코 그 값을 따질 수 없고, 기꺼이 병자를 돌보면 크나큰 기쁨의 과보는 저절로 돌아오기 마련입니다.

소동파의 전생담

　중국 송나라 때, 쌍림성(雙林省)의 한 절에서 오계승(五戒僧)
이라 하는 스님과 칠계승(七戒僧)이라고 하는 스님이 공부를 하
고 있었습니다. 하루는 칠계승이 하는 일 없이 도제(徒弟) 한 사
람과 함께 세상에 나갔다가 삼차로구(三叉路區)라는 곳에 이르
렀을 때, 한 아이가 엎어져 슬피 우는 것을 보고 도제에게 살펴보
도록 하였습니다.

　"가서 보고 여아면 그대로 두고 남아면 데리고 오너라."

　도제가 살펴보니 여자아이였으므로 그대로 놓아 두었는데, 그
울음소리가 너무나 기구하여 버리고 갈 수가 없었습니다. 할 수
없이 데리고 오다가 어느 다방에 이르러 주인에게 은 몇 냥을 주
고 어린애를 맡겼습니다.

　그 후 16년, 하산한 칠계승은 삼차로구에 이르렀다가 그 아이
생각이 나서 다방에 들렀습니다. 아이는 장성하여 봄꽃이요 가을

달과 같은 아름다움을 갖추고 있었습니다. 스님은 주인에게 물었습니다.

"이름을 무엇이라 합니까?"

"벽연(碧蓮)이라 합니다."

"과연 푸른 연꽃처럼 아름답군요."

"뜻이 있으시다면 안내하겠습니다."

"그럼 오늘 일과가 끝나면 그녀를 데리고 내 방 뒷문으로 들어오시오."

칠계승은 돈 몇 냥을 주인에게 주었습니다. 주인은 밤이 깊어지자 벽연을 아름답게 단장시키고 그 절로 찾아가게 했습니다. 과연 칠계승이 기다리고 있었습니다. 이로 인해 칠계승은 계를 범하고 6개월이 넘도록 벽연과 함께 사사로운 정을 통했습니다.

그렇게 지내던 어느 날, 좌선을 하던 사형 오계승이 선정(禪定)에 들었다가 칠계승과 벽연이 부정한 일을 하고 있는 것을 보게 되었습니다. 오계승은 시자에게 다과를 준비시킨 다음 칠계승을 불러 오라 했습니다.

"한 집에 산 지는 오래지만 피차 수행에 전념하다 보니 만나기가 어려워 내가 오늘 특별히 청하였네."

"감사합니다, 사형님."

그들은 다과를 들면서 그 동안 수도생활에 장애되었던 일과 진취득과(進趣得果)한 일들을 주고받다가 오계승이 제안을 했습니다.

"오늘은 연꽃을 시제로 삼아 한 수 지어 보세."

칠계승은 오계승이 읊는 시를 통해 사형이 자기의 부정한 일을 이미 알고 있는 것을 깨닫고, 낯을 붉히며 자기 방으로 돌아와 다방 주인을 불렀습니다.

"내가 벽연에게 정을 준 일을 사형이 이미 다 알고 있으니 참으로 부끄러운 일이오. 내 은전 몇 냥을 더 줄 테니 벽연을 집으로 데리고 가 자유롭게 살게 하고, 다시는 나의 생각을 하지 말라 하여 주시오."

주인은 쾌히 승낙하고 벽연과 함께 집으로 돌아갔습니다. 칠계승은 그날 밤 한 수의 시를 지었습니다.

내 나이 47세 만사가 하나로 돌아가니
단지 한 생각의 차이라 오늘 아침 급히 가노라
어찌 깨달은 스님을 대하여 수고롭게 구걸하리
허황함이 번갯불 같으니 옛을 의지하여 충천에 숨으리라

칠계승은 지은 시를 탁자 위에 올려 놓고 벽에 기대어 그대로 죽었습니다. 다음 날 도제가 이를 보고 오계승에게 알렸으나 아무 말이 없었습니다.

수개월이 지난 어느 날, 오계승이 도제를 불렀습니다.

"시중으로 내려가 세상 구경이나 하자꾸나."

길에 나선 그들이 촌마을로 들어서는데, 흰 장닭 한 마리가 '꼬꼬덱'거리며 따라왔습니다.

"가련하다, 칠계승아! 벽연에게 반년 뿌린 인연으로 백계(白

鷄)의 몸을 받게 하였구나!"

한탄과 함께 오계승은 닭주인을 찾았습니다.

"이 닭은 길러도 이익이 없을 것이니, 나에게 팔면 절에 가지고 가서 시간가는 줄이나 알게 하겠소."

주인이 쾌히 승낙하자 오계승은 도제에게 당부했습니다.

"절에 도착하는 즉시 이 닭의 왼쪽 눈을 뽑고 오른쪽 다리를 꺾어서 닭장 안에 넣되, 절문 입구에 두어 아침 저녁으로 스님들의 경읽는 소리를 듣게 하라."

도제가 시키는 대로 하자, 그 닭은 얼마 후 죽어 소주(蘇州)의 소가(蘇家)의 집에 태어나, 호를 동파(東坡)라 하고 이름을 자첨(子瞻)이라 하였습니다.

오계승이 비로소 안심하고 앉은 채 죽으며 말했습니다.

"사제가 이제 사람 몸을 받았으니 나도 죽어 몸을 바꾸리라."

그리고는 소주 진가의 집에 태어나 이름을 단향이라 하였습니다. 단향은 16세에 과거에 급제하여 진사의 벼슬에 오르더니, 사월 초파일에 호악사(虎岳寺)의 스님을 만나 출가하여 불인(佛印)이라는 법명을 얻었습니다.

한편 소동파는 18세에 과거를 보러 가다가 한 중이 술집에서 술에 만취되어 주먹을 휘두르는 것을 보고 말했습니다.

"출가한 승려라면 마땅히 재계를 해야 할 것인데, 어찌하여 술을 마시고 주먹을 휘두르는가?"

스님은 화를 내며 도리어 큰소리를 쳤습니다.

"이 놈아! 너는 네 할 일이나 할 것이지, 네 일도 다 못 보는 놈이 남의 일에는 무슨 참견이냐?"

그 때 소동파는 맹세했습니다.

"내가 만일 과거에 급제하면 마땅히 승려들을 국법으로 다스려 성안 출입을 금하리라."

그 길로 서울에 올라가 대과에 급제하였고, 그 뒤 출세가도를 달린 소동파는 소주 자사로 부임하게 되었습니다. 그 때 소동파는 전날의 술집에서 있었던 일이 생각나 승려에 대한 글을 지어 엄중히 고시했습니다.

"엄중히 백성에게 시달한다. 이 곳을 살펴보니 승려들이 빈번히 출입하면서 민심을 미혹되게 하고 백성의 재물을 받아 막행막식(莫行莫食)하니, 지금부터 출입하는 승려는 40대의 매를 때리리라. 그리고 승려의 출입을 보고도 관가에 알리지 않는 자가 있으면 같은 벌을 적용하리라."

이 소문을 들은 호악사의 불인선사는 소주 거리로 내려와 성문 앞에 가부좌를 틀고 앉았습니다.

"걸음을 옮겨 산을 나오니 소승의 백 걸음 가운데 한 걸음도 편안하지 못하구나. 마치 산 언덕의 돌길과 같으니, 어찌 광고를 보고 그냥 지나갈 수 있으랴!"

그 때 수문장이 보고 물었습니다.

"무슨 일로 오셨습니까?"

"그대의 상전을 만나러 왔노라. 안에 들어가 시(詩)를 잘하는 중이 문 밖에서 기다린다고 일러라."

수문장이 성문 안으로 들어갔다가, 잠시 뒤 자사의 말을 전했습니다.

"호악사라는 제목으로 시를 지어 오라 하십니다."

"그래, 그러면 지어야지."

스님은 붓을 들고 단숨에 써내려갔습니다.

    호악사 늙은 중은 뿌리 없는 나무를 아나니
    능히 하늘의 달을 취하고 바다 밑에 등불을 켜며
    남산 호랑이도 잡고 북해의 용도 잡는다네
    머리 가운데 옥선이 있어 못하는 것이 없네

이 글을 보고 들어오기를 허락한 소동파가 시 한 구절을 던졌습니다.

    강물이 넘치는데 위가 끊기지 않고
    다만 물이 떨어져 동으로 흘러간다

소동파의 마음이 불쾌감으로 가득 차 있다는 것을 안 불인선사는 그 시의 뒷구절을 이었습니다.

    어제는 호악산 위에 앉았더니
    한 바퀴 돌아 밝은 달이 소주에 비쳤도다

그러자 소동파가 마음을 풀고 말했습니다.

"스님께서는 문학이 풍부하고 재주가 뛰어나신데, 어찌하여 부모와 선영에 음덕을 쌓지 않고 처자와 자손들에게 영화를 주지 않으십니까?"

이렇게 이야기를 꺼내어 여러 가지를 토론한 끝에 소동파는 불인선사를 따라 용맹정진하다가 마침내 깨닫게 되었습니다. 깨닫고 보니 자기는 그 옛날 칠계승의 후신이고, 불인선사는 오계승의 후신임을 알게 되었습니다.

"사형, 사형! 이제사 알았습니다. 한 생각 뭉게구름 흐르는 물의 뜻을⋯⋯."

소동파는 불인선사의 손목을 잡고 흐느꼈다고 합니다.

우운스님과 사예설

옛날 중국의 어느 절에서 있었던 일입니다. 큰스님이 법문을 할 때가 되면 모습이 이상하게 생긴 사람이 고개를 숙이고 들어와 법문을 들었습니다. 하루는 법문이 끝나 모두 돌아갔는데도 그 사람만은 고개를 숙인 채 앉아 있었습니다. 이상하게 생각하며 가까이 다가가 보니 죽어 있었습니다. 사람들이 소문을 듣고 모여 들자 큰스님은 조용히 말씀하셨습니다.

"건드리지 말고 자세히 보아라."

사람들이 조심스럽게 들여다보니 그는 사람이 아닌 원숭이였습니다. 큰스님은 손수 장례를 치뤄 주면서, 원숭이의 이마를 만지며 수기를 주셨습니다.

"2백년 후에 다시 와서 오늘 들은 법문을 잘 수용하고 전법도생(傳法度生)하여라."

그 후 송나라 때, 어느 고을의 한 여인이 원숭이가 방으로 들어

오는 꿈을 꾸고 임신을 한 뒤 얼굴이 꼭 원숭이처럼 생긴 아들을 낳았습니다. 그 아이는 성격도 차분하고 영민할 뿐더러 재주도 많았으며, 공부도 많이 했습니다. 그러나 나이가 되어도 장가들 생각을 하지 않는 것이었습니다. 어느 날 누군가가 농담삼아 말했습니다.

"장가가지 않고 살려면 중 되는 길밖에 없겠네."

이 소리에 귀가 번쩍 뜨인 그는 곧바로 출가하여 종무(宗鍪)라는 법명과 우운(友雲)이라는 법호를 받았습니다. 그는 중노릇도 잘하였을 뿐더러 한평생을 거의 용제산에 살면서 수도와 후학 양성에 전념하였습니다.

이렇게 윤회의 실체를 보인 우운스님은 똥과 뱀(糞蛇)에 관한 매우 논리적인 글을 지었는데 그 글이 바로 유명한 〈사예설 蛇穢 說〉입니다. 모두가 새겨 볼만한 글이므로 함께 수록합니다.

세간에서 가장 독한 것으로는 사훼(蛇虺: 가는 목에 큰 머리, 휘황찬란한 색을 가진 독사)보다 더한 것이 없고, 지극히 더럽기로는 똥보다 더한 것이 없다. 사훼의 독은 능히 사람의 생명을 해치고, 똥의 더러움은 능히 사람의 형상과 의복을 더럽힌다. 그러므로 생명을 보존하고자 할진댄 독해를 멀리해야 할 것이요, 옷을 깨끗이 하고자 할진댄 더러운 똥을 치워야 한다.

그런데 세상 사람들은 사훼의 꿈을 꾸면 재물이 생긴다고 하며 좋아하고, 똥의 꿈을 꾸면 어떤 이익을 얻을 것이라 하며 좋아한다. 어찌 잠잘 때와 깼을 때, 사랑할 때와 싫어할 때가 이토록 같지 아니한가. 진실로 깼을 때는 무섭다고 하거나 싫어하면서, 어찌 잠잘 때라 하여 재물을 본다며 즐거워하고 이익을 본다며 즐거워할까 보냐. 하물며 재물의 독은 사훼보다 더 심할 수도 있고, 이익의 더러움은 똥보다 더 심할 수도 있다.

또 옛사람 중에서 재물 때문에 생명을 해친 자가 부지기수요, 이익을 좋아하다가 형복(形服)을 더럽힌 사람이 얼마나 많았는가. 그런데도 깨닫지 못한 사람은 재물을 탐하기를 그치지 않으니, 이 또한 슬픈 일이로다.

가난하게 사느냐 부자로 사느냐는 다 그 사람의 분수에 달린 것이다. 각자의 분수에 따라 편안하게 있으면 가난하여도 즐겁고, 분수에 안분(安分)하지 못하면 부자라도 근심스럽다. 능히 분수를 알고 편안할 것 같으면 자기의 생명을 보존하여 잘 살 수가 있고, 가히 형복을 깨끗하게 보존할 수 있다.

재물을 탐하는 자는 사훼를 기르는 것과 같고, 이익을 좋아하는 자는 똥으로 형복을 더럽히는 것과 같다. 나도 가난한 것을 좋아하는 것은 아니로되 똥과 뱀을 멀리하려는 것 뿐이고, 또한 부자를 싫어하는 것은 아니로되 더럽고 나쁜 것을 제(除)하려고 할 뿐이다.

재물 멀리하기를 사훼를 멀리하는 것과 같이 하고 이익 버리기를 똥을 버리는 것과 같이 하면, 이 사람은 틀림없이 달인(達人)이 될 수 있다. 그렇지 않으면 세세생생에 쌓이고 쌓인 탐애심이 쉬지 않아서 반드시 생명을 상(傷)하고 형복을 더럽히게 되나니, 세상 사람들은 이 이치를 잘 생각해 보아야 하리라.

김대성의 불사

신라 서울인 서라벌〔慶州〕의 모량리에 사는 가난한 여인 경조(慶祖)에게는 한 아들이 있었는데, 머리가 크고 이마가 아주 넓어 성(城)과 같았으므로 이름을 대성(大城)이라고 하였습니다. 어머니 경조는 부자 복안(福安)의 집에서 부지런히 품팔이를 하여 약간의 밭을 얻었고, 그것으로 아들과 함께 생계를 유지하였습니다.

어느 날 흥륜사의 점개(漸開) 스님이 장안의 이집 저집으로 화주를 다니다가 복안의 집에 이르렀을 때, 주인 복안이 베 50필을 선뜻 시주하는 것을 대성은 보았습니다. 점개스님은 복안에게 축원을 해 주었습니다.

"보시를 좋아하시니 하늘의 신이 늘 지켜 주실 것입니다. 한 가지 물건을 보시하시면 만 배를 얻어 안락하고 장수하게 될 것입니다."

대성은 그 날 저녁 어머니에게 말했습니다.

"홍륜사 스님 말씀이 하나를 시주하면 만을 얻는다고 하셨습니다. 우리는 전생부터 선업을 짓지 못해 금생에 이렇게 가난하게 사는 것인데, 금생에도 시주를 못하였으니 내생의 곤궁이 환히 보이는 듯 하옵니다. 저희 집안 전재산인 밭 세 이랑을 홍륜사 불사에 시주하여 내생의 좋은 응보(應報)를 받도록 하심이 어떻겠습니까?"

어머니는 아들의 말에 쾌히 승낙을 하고 그 밭을 점개스님에게 보시하였습니다. 그리고 얼마 지나지 않아 대성이 죽었는데, 그가 죽던 날 국상(國相) 김문량(金文亮)의 꿈에 한 동자가 나타나 머리를 조아리는 것이었습니다.

"저는 모량리에 사는 대성이라는 아이입니다. 이제 국상 내외를 부모로 삼아 태어나고자 하오니 어여삐 여기시와 받아 주십시요."

국상은 꿈이 하도 생생하고 신기하여 곧 사람을 보내어 사실을 알아 보니, 과연 모량리 경조의 집에서는 대성의 장례 준비를 하고 있었습니다. 국상은 후히 돈과 쌀을 보내 장사를 치르게 하고, 또 그 어머니가 생활을 할 수 있도록 논과 밭도 주었습니다.

그 뒤 국상의 부인은 차차 배가 불러 열 달 만에 아이를 낳았으나, 이상하게도 왼쪽 손을 꼭 쥐고 펴지 아니하는 것이었습니다. 이렛날이 되어 국상이 경조여인을 데려다 아이를 보이자, 아이는 문득 쥐었던 손을 펼쳤으며, 손 안에서 '大城'이라고 쓴 금간자(金簡字)가 나왔습니다. 사람들은 모두 놀라며, "어찌 사람이 윤

회전생을 믿지 않을 수 있겠는가?" 하고, 이름을 그대로 대성이
라 불렀습니다.

대성은 어려서부터 총명하여 모든 사람들에게 존경을 받았고,
전생의 어머니와 현생의 부모 집을 왕래하면서 조금도 소홀함이
없어 효자로서도 명망이 높았으며, 자라서는 관직에 올라 나라에
충성을 다하였습니다. 특히 무술을 좋아한 그는 나라 일을 보지
않는 날만 되면 깊은 산중에 들어가 사냥을 하였습니다. 하루는
산에 올라가 큰 곰 한 마리를 잡았는데, 그날 밤 꿈에 그 곰이 나
타나 무섭게 대들면서 말했습니다.

"너는 어찌하여 나를 잡아 죽였느냐? 전생에도 나를 괴롭히더
니, 이생에서 또다시 나를 죽여! 이제부터는 내가 너를 괴롭히리
라."

대성이 벌벌 떨면서 물었습니다.

"너는 누구인데 나를 전생부터의 원수라 이르느냐?"

"나는 모량리 부자 복안의 딸 곰녀였다. 그 때 너를 사모하였
으나 네가 듣지 않았으므로, 나는 오동나무에 목을 매어 죽었노
라. 그리하여 다시 곰으로 태어났다가 너를 다시 만나 반가이 따
랐는데, 네가 나를 활로 쏘아 죽였으니 어찌 원수가 되지 않겠느
냐?"

"그렇다면 나의 잘못이 참으로 컸구나. 내가 모르고 한 짓이니
용서해다오. 이제부터라도 다시 원수의 인연을 맺지 말자. 그리
하면 내 너를 위해 마땅히 좋은 일을 하리라."

"그렇다면 나를 위해 절을 하나 지어 다오. 불법을 신앙하여

마음을 개심하고 해탈을 얻겠노라."

이 말을 듣고 깨어난 대성의 온몸은 땀으로 흠뻑 젖어 있었습니다. 대성은 깨어나자마자 전생의 어머니를 찾아가 이 사실을 물었습니다.

"어머니, 모량리 복안 씨 집에 죽은 딸이 있습니까?"

대성은 질문과 함께 어머니께 꿈이야기를 하였습니다.

"그렇다. 네 나이 열 여덟 되던 해에 그 집의 무남독녀 곰녀가 너를 사모하였으나, 네가 다른 여자를 좋아하는 것을 보고 비관하여 비단으로 목을 감고 오동나무에 목을 매어 죽은 일이 있다. 그 뒤 네가 아무 병도 없이 갑자기 죽었으므로, 나는 필시 그녀의 원귀가 작동하여 잡아간 것으로만 알았었다. 뜻밖에 네가 재상의 집에 태어났기에 나는 크게 맘을 놓을 수 있었단다. 그런데 이제 네 말을 듣고 나니 마음이 매우 후련하구나. 네가 만일 그녀에게 절을 지어 줄 약속을 하였다면 결정코 약속을 이행하여 다시는 나쁜 인연을 맺지 않도록 하여라."

대성은 그 뒤부터 사냥을 하지 않고 오직 불법에 뜻을 두어 크게 자비심을 일으켰으며, 그 곰을 위해 장수사(長壽寺)라는 절을 지어 주었습니다.

이렇게 윤회와 인과응보의 철칙을 체험한 대성은 전생의 부모와 현생의 부모를 위해 보은의 불사를 하고자 했습니다. 마침내 대성은 현생의 부모를 위해 불국사를 짓고, 전생의 부모를 위해 석굴암을 축조하였습니다. 불국사는 그가 즐겨 읽은 《무량수경無量壽經》에 나오는 극락세계와 《화엄경》에 나오는 연화장세계

(蓮華藏世界)를 모형으로 삼았고, 석굴암은 당시 신라 사람들이 생각하고 있는 불교상을 종합한 것에다 호국적인 이미지를 가미하여 창건하였던 것입니다.

영조대왕의 전신

조선 숙종 때 있었던 일입니다. 억불정책으로 인해 불교가 크게 핍박을 당했던 그 시절, 승려들은 사람 취급조차 제대로 받지 못하였고 모든 사찰은 갖가지 부역에 시달려야 했습니다.

이러한 사정은 대구 팔공산 파계사(把溪寺)라 하여 예외일 수가 없었습니다. 어느 날 이 절의 용파대사(龍坡大師)는 원(願)을 세웠습니다.

"내 서울로 가서 권력 있는 이에게 말하여, 파계사만이라도 승려들의 부역을 없애도록 하리라."

그는 이 원을 산중 스님네들에게 발표하고, 7백여 리 길을 걸어 한양성에 도달하였습니다. 그러나 당시에는 승려의 도성(都城) 출입이 금지되어 있었기 때문에 남대문 밖에 머물러야 했습니다.

용파대사는 한강물을 져다가 민가에 날라주며 때를 기다렸지만, 일이 잘 풀리기는 커녕 남대문 안으로 들어갈 수조차 없었습니다.

어느덧 3년이란 세월이 흘렀습니다.

원을 이루지 못한 채 3년이 지났음을 탄식하던 대사는 밤을 지새우며 부처님의 가피를 빌었고, 그날 밤 숙종대왕은 남대문 2층에 올라 남대문 밖의 셋째 집 위에서 청룡과 황룡이 찬란한 광명을 놓아 하늘에 사무치는 꿈을 꾸었습니다.

이튿날 아침, 숙종대왕은 어전별감(御前別監)을 불러, '남대문 밖 세번째 집에 가서 낯선 사람이 있거든 데리고 오라'는 명을 내렸습니다. 어전별감이 그 집에 가보니 파계사 용파대사만 있어 어전(御前)으로 데리고 갔습니다.

숙종대왕은 스님께 물었습니다.

"이름이 무엇이오?"

"용파이옵니다."

"오! 이름에 용 용(龍)자가 들어서 지난 밤 꿈에 용을 보게 된 것이로구나. 어찌하여 이 한양 장안으로 온 것이오?"

용파대사가 불교계의 어려움과 승려 부역에 대한 이야기를 자세히 아뢰면서 소원을 말하자, 숙종은 용파대사에게 생남기도(生男祈禱)를 해 줄 것을 청했습니다.

"짐이 사찰에 폐되는 일들은 폐지하여 줄 것이나, 짐에게도 반드시 이루어야 할 소원이 있소. 짐의 나이 많으나 아직 세자(世子)가 없으니, 원컨데 대사께서는 명산 성지에서 기도를 올려 주시오. 백일을 치성(致誠)하되 한양 백리 이내에 기도처를 정하면, 궁인과 예관(禮官)들로 하여금 참배하도록 할 것이오."

용파대사는 이 제안을 쾌히 수락하면서 함께 기도할 스님을 청했습니다.

"금강산 만회암(萬灰庵)에서 공부하던 농산(聾山) 스님이 지금 한양 근처에 와 있으니, 그 스님과 함께 기도하겠나이다."

"그것은 대사께서 알아서 하시오."

이에 농산대사는 북한산 아래 금선암(金仙庵)에서 기도하고 용파대사는 수락산 내원암(內院庵)에서 기도하였습니다.

이렇게 기도하기를 70여일이 지난 뒤, 용파대사는 선정(禪定)에 들어 이 나라 백성들 중 임금의 지위에 오를 복을 지닌 사람을 관찰했습니다. 그러나 모두 망상과 어리석음, 자기 이익만을 추구하는 생각으로 가득차 있을 뿐, 한 나라의 앞날을 이끌만한 사람은 보이지 않았습니다.

곰곰히 생각한 끝에, 숙종대왕의 소원을 이룰 수 있도록 하려면 용파대사 자신이 죽든지 농산대사가 죽는 수밖에 없다는 것을 알고, 죽어 줄 것을 청하는 편지를 농산대사에게 보냈습니다.

"내가 기도하던 중 선정에 들어 관하여 보니 사람들이 모두 육종범태(肉種凡胎)에 망상진뇌만 가득하여 세자될 사람이 없으니, 내가 죽든지 스님이 죽는 것 외에는 달리 방도가 없는 듯합니다. 그러나 나는 본사(本寺)에 일이 있어 가지 못할 형편이니, 스님께서 자비심을 발하여 임금의 지위에 올라 만 백성을 위하고 불교를 위해 주시옵기를 간절히 청하는 바입니다."

자기를 보고 죽을 것을 청하는 편지를 받고 농산대사는 '허허'

하고 웃었습니다.

'내가 나라의 위축(爲祝) 기도를 맡은 것으로 인(因)을 심었는데, 기도를 마치기도 전에 과(果)가 벌써 돌아왔구나.'

이렇게 생각한 농산대사는 답신을 띄웠습니다.

"내가 출가 수도한 것은 대도(大道)를 성취하기 위함이요 나라의 임금이 되어 부귀영화를 누리고자 함이 아니었습니다. 하지만 인(因)을 따라서 과(果)가 당도하였으니 어쩔 수 없는 일인 듯합니다. 기도 회향일(廻向日)에 봅시다."

이 편지를 받은 용파대사는 자기가 보낸 편지 내용과 답신 편지를 잘 싸서 보관해 두었습니다.

백일 기도를 회향(廻向)하는 날 저녁, 농산대사는 제자들 앞에서 혼자말처럼 중얼거렸습니다.

"아, 50년 동안이나 망건을 쓰고 있어야 한다는 말인가."

이 말씀은 스님이 죽어서 50년 동안 임금 노릇을 할 것을 미리 예언한 것입니다. 그날 밤 농산대사는 고요히 입적(入寂)하였습니다. 그리고 숙종대왕과 숙빈최씨(淑嬪崔氏)의 꿈에 태어나는 것을 미리 현몽하였습니다.

이튿날 아침, 금선암으로부터 농산대사가 입적하였다는 소식이 임금에게 전하여졌고, 임금은 용파대사를 대궐로 불러들였습니다.

"세자 탄신을 위한 기도가 끝나자마자 농산대사가 입적하였다 하니, 어찌 이런 불상사가 있을 수 있소?"

용파대사는 전에 농산대사에게 보낸 편지 사본과 농산에게서

98

온 답신을 임금에게 올렸습니다.

"이 두 편지만 보시면 그 사유를 알 것이옵니다."

숙종이 편지를 보니 하나는 '죽으라'는 내용이요 하나는 '회향
날에 보자'는 것이었으며, 스스로 현몽까지 하였으니 태자의 탄
생을 의심할 여지가 없어졌습니다.

숙종은 용파대사의 공에 보답하기 위해 파계사를 중창하도록
명하고, 파계사를 축으로 삼아 반경 40리에서 거두어 들이는 세
금을 파계사에 주라고 하였습니다.

그러나 용파스님은 이를 거절하고, 왕실의 위패를 파계사 경내
에 모심으로서 유생들의 행패는 물론 각종 부역의 피해없이 승려
들이 수행에만 전념할 수 있는 환경을 만들었습니다.

그 이듬해인 갑술년(甲戌年, 1694)에 왕자가 탄생하였는데, 이
분이 커서 영조(英祖) 대왕이 되었고, 농산스님이 예언한 대로
52년 동안 재위(在位)하였습니다.

또한 영조는 임금이 되고 14년이 지난 1740년 12월에 용파대
사가 머문 파계사 원통전(圓通殿)을 중건하고 관세음보살상을
개금하면서, 입고 있던 도포(道包)를 보살상의 복장유물(伏藏遺
物)로 넣었습니다. 그 도포는 1979년 관세음보살상 개금 때 발견
됨으로서, 이 윤회전생(輪廻轉生)의 사실을 더욱 분명히 일깨워
주었습니다.

현재 이 도포는 우리나라 중요민속자료 제220호로 지정되어
있습니다.

전생을 찾은 윤웅렬 대감

윤웅렬(尹雄烈 : 1840~1911)은 조선시대 고종 임금 당시 대감이 된 분입니다. 그 당시는 대원군과 민비 사이의 정쟁(政爭)이 한참일 때였고, 일본의 대륙 진출, 청나라의 국위 회복, 러시아의 남진정책 등 열강들의 침략정책에 휘말려 국내 정세의 혼란이 극을 달리고 있었습니다.

윤웅렬은 1884년 김옥균(金玉均) 등과 함께 갑신정변(甲申政變)을 일으켜 개혁을 단행할 때 형조판서가 되었으며, 청나라의 개입으로 갑신정변이 실패로 돌아가자 전라도 완도(莞島)로 유배되었습니다. 그가 완도에서 무려 3년이나 귀양살이를 하며 지내던 어느 날, 잔심부름을 하는 상노(床奴)가 마을에 떠도는 소문을 듣고 와서 수다를 떨었습니다.

"대감마님, 저 아래 마을에 명두(明斗 : 마마를 앓다 죽은 어린 여자아이의 귀신. 태주라고도 함)가 있는데, 앞일은 무엇이든 아주 잘 맞춘답니다. 먼 곳 육지 사람들도 많이 찾아와서 묻고 하는데, 족집게라 하더이다. 대감마님께서도 한 번 가서 물어 보시면 어떠 하시온지요?"

윤대감은 미신이려니 하면서도 앞일이 너무나 궁금하고 유배지의 생활이 갑갑하여 심심풀이 삼아 찾아가 보기로 하였습니다. 상노를 앞세우고 태주의 집에 다다른 윤대감은 자리에 앉으며 점잖게 물었습니다.

"점하는 사람은 어디에 있는고?"

그러자 사람의 모습은 보이지 않는데, 공중으로부터 어린아이 목소리만 들려왔습니다.

"여기 있습니다."

"그런가! 내가 대관절 누구인데 이 곳에 와 있는고?"

"영감님은 서울에서 오신 귀한 어른으로 귀양을 와서 계십니다."

"그렇다면 언제쯤 풀려 나겠는가?"

"별 죄가 없으니 보름만 있으면 풀려 나시겠습니다."

"나에게 아들이 하나 있는데 지금 어느 곳에서 무엇을 하며, 언제 만날 수 있는지를 알려 줄 수 있겠는가?"

"예, 제가 가서 보고 오겠으니 잠깐 기다려 주십시오."

곧 '휙' 하는 소리를 내며 나가더니 잠시 뒤 다시 '휙'소리와 함께 돌아와 대답을 하는 것이었습니다.

"영감님의 자제는 미국에서 학업에 열중하고 있는데, 역시 유학온 청국 여인과 약혼을 하여 내년 가을 상해에서 결혼을 하게 될 것이며, 그 전에 대감님은 부자상봉을 하시겠습니다."

윤웅렬 대감의 아들은 윤치호(尹致昊 : 1865~1945)입니다. 유명한 정치가이고 개화운동가로서, 당시 미국에서 근대교육을 배우고 있던 중이었습니다. 윤웅렬 대감은 태주가 자기의 신상이나 아들에 대해 알아맞히는 것을 보고 흥미를 느꼈습니다.

그리고 흔히들 전생이 있다고 하는데 '나의 전생은 어떨까' 하는 생각이 들었습니다. 이에 대해 물어 보자 태주는 '휙' 하는 소리와 함께 어디론가 다녀와서 다음과 같은 내용의 이야기를 했습니다.

"대감의 전생은 승려로서, 법호는 해파(海波)요 승명은 여순(與淳)이었습니다. 함경도 안변 석왕사(釋王寺)에서 열심히 정진하였기 때문에 그 공덕으로 중국에 태어나 1품 대신으로 큰 공로를 세우며 부귀하였고, 그 다음인 금생에는 조선에 태어나 귀한 자리에 오르셨고 장차 군부대신이 될 것이며, 5복을 구족하여 부귀하시겠습니다.

그러나 전생에 함께 출가한 형은 스님 노릇을 아주 잘못하였습니다. 법당을 중수한다, 개금불사를 한다고 하면서 모은 시주금을 함부로 소모하였고, 부처님의 삼보정재(三寶淨財)를 도둑질한 죄로 지옥에 떨어져 고초를 받다가, 이제 다시 인간의 몸을 받았지만 가난한 과보를 받아 끔찍이 고생을 하고 있습니다. 지금 강원도 통천(通川)에서 술장사를 하며 사는데, 술집 이름은 '새 술막이'라 하고 이름은 이경운(李景云)이라 하며, 두 손이 모두 조막손입니다……."

그 뒤 윤웅렬 대감은 태주의 예언대로 유배지에서 풀려나 가족과 아들 윤치호를 만나게 되었으므로, 자신의 전생이 석왕사 스님이었다는 태주의 말을 잊을 수가 없었습니다. 그래서 광무(光武) 7년인 1903년, 아들 윤치호와 호위병들을 이끌고 안변 석왕사를 찾아갔습니다.

수군당(壽君堂)이라는 절의 요사채에 숙소를 정한 그 이튿날, 산중 스님들을 모두 모이게 한 다음, "해파 여순(海波與淳)이란 스님이 백여 년 전 이 절에 있었는가? 그 권속이 누구이며, 그 스님의 행장(行狀)을 아는 이가 있는가?" 등을 확인해 보았으나 아무도 아는 사람이 없었습니다.

'과연 전생이란 없는 것인가?'

대감은 태주의 말을 믿은 자신조차 어리석게 느껴졌습니다. 그러나 태주의 말대로 2주일 있다가 유배지에서 풀려 났고, 그 이듬해 가을에 아들이 상해에서 결혼식을 하여 부자가 상봉한 일, 자신이 군부대신의 자리에 오른 일 등을 생각하며, 산중의 원로이신 설하대사(雪河大師)를 찾아가 다시 물었습니다. 그러나 대답은 역시 모른다는 것이었습니다.

그는 답답하게 여기면서 뒷산으로 사냥을 하러 갔습니다. 산꼭대기 바로 밑의 행적골 속으로 노루를 몰아넣고 수행원을 인솔하며 뒤쫓다가 내원암(內院庵) 입구에서 잠시 쉬게 되었는데, 바로 눈앞에 부도(浮屠)가 일렬로 서 있는 것이었습니다. 윤웅렬 대감은 무심코 일어나 단장으로 풀을 헤치자 한 부도에 새긴 글씨가 눈에 띄었습니다.

'해파당 여순(海波堂 與淳)'

윤웅렬 대감은 정신이 번쩍 나서 아들을 불렀습니다.

"치호야, 아이들을 데리고 와서 이 부도에 절을 하여라."

윤치호는 아버지 명이므로 영문도 모르는 채 절부터 하게 되었고, 윤웅렬 대감은 일행을 데리고 석왕사로 돌아와 대중스님들을 모아 놓고, 완도에서 점친 전후의 일을 설명하자 대중들이 모두 탄복하였습니다.

그리고 유대방(劉大方)이라는 사람을 강원도 통천으로 보내 두 손 모두가 조막손인 '새술막이' 주인 이경운을 데려 오도록 하였습니다. 4일이 지나자 유대방은 이경운을 데리고 와서 수행원에게 인계하였고, 수행원은 곧 그를 윤웅렬 대감이 거처하는 방으로 데리고 들어가서 절을 하도록 지시했습니다. 그러나 윤웅렬 대감은 절을 하지 못하게 한 뒤 전생의 관계를 들려 주었습니다.

"현재의 생활이 매우 어려우신 모양이니, 전생의 형님에게 돈 백냥과 옷감 열 필을 드리겠습니다. 약소한대로 논도 사고 밭도 사서 늙은 내외 편히 지낼 수 있는 생계를 마련하십시오. 그리고 아무쪼록 과거사를 뉘우쳐 부처님의 은덕을 잊지 마시고, 염불을 많이 하여 죄업을 소멸하시기 바랍니다. 우리, 내생에는 불법 문중에서 다시 만나 금생에 못다한 수행을 함께 하십시다."

그리고 돈과 옷감이 무거워서 가져 가기가 어려울 것을 고려하여 군수에게 환전표를 떼어 주도록 배려하였습니다. 이경운 노인은 백배 감사하고 눈물을 흘리며 다짐했습니다.

"이제 대감님의 은혜로 저의 전생 죄업을 알게 되었을 뿐 아니

라, 이런 대은(大恩)까지 내리시니 진정 갚을 길이 없습니다. 대
감님의 가르침을 잠시도 잊지 않고 목숨이 붙어 있는 날까지 있
는 힘을 다해 받들겠습니다."

또 윤웅렬 대감은 석왕사 대중을 불러 대중공양을 올렸고, 자
신이 전생에 공부하던 도량임을 생각하며 돈 오백 냥을 시주하였
습니다.

이상의 이야기는 《석왕사지》에 기록되어 있습니다.

III
민간에
전해지는
인과윤회담

죽음의 업을 녹인 기도

　경상북도 울진에는 불영사(佛影寺)라는 절이 있습니다. 절 앞에 있는 연못에 앞산 바윗돌 위에 서 계신 부처님의 모습이 비친다 하여 그림자 '영'자를 쓰지만, 또 다른 한편으로 이 절에서 신령스런 영험이 있었다고 하여 신령스러울 영(靈)자를 써서 불영사(佛靈寺)라고도 합니다. 그 신령스런 영험담은 다음과 같습니다.

　조선 중기, 서울 남산골에 백극재(白克齋)라는 선비가 있었습니다. 그런데 백극재는 오로지 책만 읽을 뿐, 생업에는 도무지 관심을 두지 않아 집안이 가난하기가 말로 다 형언할 수가 없을 지경이었습니다.

　하는 수 없이 그의 아내 강씨 부인은 친정을 드나들며 구걸을 하다시피 하여 겨우 생계를 이어갔습니다. 그러나 강씨 부인은 이와같은 가난 속에서도 남편에 대한 불만을 갖지 않았습니다.

108

또한 결혼 전에는 친정 어머니를 따라 절에 다녔으나, 출가 후 집이 가난하여 절에 다니기가 어려워지자 혼자 기도하고 염불하였습니다. 그녀는 기도를 할 때마다 절에 가지 못하는 것을 죄송하게 생각하면서 부처님께 서원했습니다.

"부처님. 죄송합니다. 그러나 저의 남편만 벼슬하게 되면 잊지 않고 꼭 부처님께 공양도 올리고, 공부하는 스님들 시봉도 들고, 불사에 필요한 많은 것들을 성심껏 보시하겠습니다."

이러한 강씨 부인의 정성이 헛되지 않아 이듬 해 남편 백극재는 장원급제하여 경상도 울진 현감으로 부임하게 되었습니다.

그런데 호사다마라고나 할까. 그렇게 건강하던 남편이 부사로 부임한 지 3일만에 이렇다 할 병도 없이 그대로 죽고 말았습니다.

비통함을 이기지 못한 그의 부인은 몸이 채 식지 않은 남편의 시신을 불영사 법당 앞으로 옮겨 식음을 전폐한 채 7일 낮밤으로 기도를 하였습니다.

"부처님! 저의 남편을 다시 살려 주십시오. 부처님의 영험으로 가난을 벗고 현감이 되어 부처님의 은혜를 갚고자 하였는데, 이렇게 죽는다면 너무나 억울하옵니다.

부처님! 일월(日月)의 광명이 사사로움 없이 널리 비추는 듯하지만, 높은 산을 먼저 비추고 맑은 물에 먼저 나타납니다. 부처님의 대자대비하심은 인연 없는 중생까지도 마치 홀어머니가 외아들 생각하듯 하시겠지만 신심있는 자에게 먼저 이를 것이요, 인연 있는 중생에게 먼저 미치지 않겠습니까?

부디 저의 남편을 살려주옵소서."

군수의 부인은 지극히 간절한 마음으로 낮밤을 잊고 7일 동안 기도를 올렸습니다. 그러다가 마지막 날, 자신도 모르는 사이에 깜박 잠이 들었는데, 꿈속에서 붉은 머리를 산발한 여자가 남편의 몸에서 툭 나오더니 불쾌한 얼굴로 소리쳤습니다.

"에잇, 지독하다, 지독해! 나와 저이는 구생(九生)에 원한을 맺은 원수인고로 어느 때 어느 곳에서도 세상의 낙(樂)을 받지 못하도록 방해를 했었는데, 부인의 간절한 기도에 부처님이 감응하셨으니 나는 이제 구생의 원한을 풀고 가노라."

이렇게 말을 마친 원귀(怨鬼)는 하늘로 둥둥 떠서 연기처럼 사라졌습니다.

깜짝 놀라 깨어나서 보니 죽었던 남편이 부시시 눈을 뜨는 것이었습니다. 기쁨을 이기지 못한 그들 부부는 다시 살아난 그 자리에 환생전(還生殿)을 짓고, 《법화경》7권을 금자(金字)로 사경(寫經)하여 부처님 은혜에 보답하였습니다.

이 이야기는 이문명(李文命)이 쓴 불영사의 〈환생전기 還生殿記〉에 기록되어 있습니다.

그 누구든지 마땅히 녹여 없애야 할(消除) 업이 있다면 오로지 지극 정성으로 참회하십시오. 죄를 멸하여 복이 이르면 신령스러움이 나타나게 마련입니다.

마치 파도가 없어지면 물이 고요해지고 고요한 물에는 하늘의 달이 그대로 비치는 것과 같으며, 먼지가 가득한 거울에는 사물이 제대로 비치지 않지만 먼지만 닦아내면 밝은 형상이 그대로 나타나는 것과 같습니다.

　우리 모두 올바른 참회를 이루어, 업의 결박을 벗어난 대자재 (大自在)의 삶을 살도록 합시다.

왕랑반혼전

　11년 전에 죽은 아내의 현몽으로 염불을 하여 전일의 죄업 소멸은 물론 수명까지 늘어나고, 다른 여인의 몸을 받아 살아난 부인과 다시 부부가 되어 살았다는 기이한 영험설화가 있습니다.

　옛날 함경남도 길주 땅에 왕사궤(王四机)라는 사람이 살았는데, 하루는 11년 전에 죽은 부인 송씨가 와서 창문을 두드리며 말했습니다.

　"여보, 어서 일어나셔서 저의 말을 들으세요."

　자다 말고 깜짝 놀라 일어난 왕랑(王郎)은 창문을 열고 물었습니다.

　"죽은 당신이 어찌 나를 찾아왔단 말이오?"

　"당신에게 꼭 부탁할 말이 있어 왔습니다."

　"무슨 부탁이오?"

"다름이 아니라 저는 죽은 지 11년이나 되었지만, 명부(冥府)에서의 심판이 아직 끝나지 않아 오도가도 못하고 있습니다. 그 이유는 당신이 와야 한다는 것입니다. 마침 당신의 명이 내일로 다하기 때문에, 내일 아침이면 다섯 귀신이 당신을 잡으러 올 것입니다.

그런데 오래 전에, 당신과 내가 서쪽을 향하여 염불을 하며 절하는 이웃집 안씨 할머니를 비방하면서 시끄럽다고 욕설을 퍼붓지 않았습니까?

죄 가운데 남의 선행을 방해하는 것보다 더 큰 죄가 없기 때문에, 당신이 오기만 하면 나와 함께 지옥으로 보낸다고 합니다.

부디 당신은 지금부터 목욕재계하고 집안을 청소한 다음, 서쪽 벽에 '나무아미타불' 여섯 자를 써 붙이고 정성을 다해 염불하세요. 그렇지 않고는 결코 이 죄를 면치 못하오니, 부디 이 부탁을 저버리지 마세요. 그럼 가요."

왕랑은 너무도 역력하고 분명한 일이라 정신을 바짝 차리고 목욕재계한 다음, 죽은 아내가 부탁한 대로 일심으로 나무아미타불을 외웠습니다. 이튿날 아침 날이 훤히 밝으려 하는데 과연 다섯 명의 저승사자가 오더니 서로 말을 주고받는 것이었습니다.

"말 듣기 하고는 다르군."

그들은 도리어 왕랑에게 절하였습니다.

"어디서 오신 분이십니까?"

"예, 우리는 염라대왕의 명령을 받고 당신을 잡으러 왔습니다. 그러나 도량을 정돈하고 염불을 하시고 있으니 함부로 다룰 수가 없습니다. 대왕께서 기다리시니 어서 길을 떠나시지요."

할 수 없이 그들을 따라 명부에 이르렀는데, 염라대왕이 사자를 보고 꾸짖는 것이었습니다.

"이놈들, 꽁꽁 묶어 빨리 오라 하였는데 왜 이리 늦었는가?"

"황공하오나 도량을 청결히 하고 앉아 염불을 하고 있었기 때문에 차마 명령대로 실행치 못하였습니다."

이 말을 들은 염라대왕은 태도가 급변하였고, 10대왕은 모두 일어서서 목례를 했습니다.

"그대 부부가 일찍이 안씨 노인이 염불하는 것을 비방하고 욕설하였기로, 먼저 송씨를 잡아온 다음 그대의 수명이 끝나기를 기다려 함께 지옥을 보내고저 하였도다. 이제 사자의 말을 들으매 '지성으로 염불한다' 하니, 모든 것을 용서하고 다시 인간으로 보내어 30년을 더 살게 하리라."

그 때 최판관이 말했습니다.

"왕랑은 시신(屍身)이 있으므로 지금 돌아가도 다시 살아날 수 있지만, 송씨는 죽은 지가 오래되어 시체가 썩어 버렸으니 어찌합니까?"

염라대왕이 매우 난색을 표하자 왕랑이 말했습니다.

"길주 군수의 딸이 지금 21세인데 명이 다하여 이틀 전에 죽은 것을 보고 왔습니다. 아직 그 시신이 그대로 남아 있을 것이니 송씨의 혼령을 그에게 의탁하면 어떻습니까?"

"거 참 좋은 의견이다."

염라대왕은 그들을 인간 세상으로 다시 내보내면서 당부했습니다.

"옆집 안노인은 3년 뒤에 죽어 바로 극락세계로 갈 것이니, 부모님같이 잘 모시고 사시오."

왕랑은 죽은 후 3일 만에 깨어났고, 길주 군수의 딸도 살아나 그동안 명부에서 있었던 이야기를 군수하게 사뢰었습니다.

"이 몸은 군수님의 소생이 분명하오나 영혼은 왕랑의 전처 송씨의 혼령이오니, 그리로 시집을 보내 주십시오."

"혼령이야 누가 되었든 몸은 우리 부부가 낳아 준 것이니, 우리들만 잘 모시면 족하니라. 시집은 네가 원하는 곳으로 가거라."

군수부부는 크게 기뻐하며 혼례식을 올려 주었습니다. 왕랑 부부는 30년을 더 살아, 왕랑의 나이 80세, 부인의 나이 51세가 되도록 아들 딸을 낳고 잘 살다가 한 날 한 시에 죽었습니다. 또 그 옆집 안씨 노인도 왕랑이 되살아난 지 3년 만에 죽으니, '세상에 이런 기적이 없다'고 하면서 많은 사람들이 신심을 일으켰다고 합니다.

이것은 실제로 있었던 일로서, 조선시대에는 《왕랑반혼전 王郎返魂傳》이라는 이름으로 여러 차례 책으로 간행되었습니다.

지성으로 염불하고 발원하면 반드시 업장을 소멸할 뿐 아니라 큰 공덕을 성취하게 됩니다. 이는 의심할 여지가 없습니다.

부처님의 일월 같은 광명은 사사로움이 없어서 모든 중생에게 다 비추지만, '선조유신(先照有信)하고 선조유연(先照有緣)이라'

신심있는 중생을 먼저 비치고 인연 있는 중생에게 먼저 내리기
마련인 것입니다.

윤회를 깨우친 진재열의 죽음

1952년 3월 2일, 경상남도 고성군 개천면 옥천사(玉泉寺)에서는 윤회가 분명히 있다는 것을 입증해 보인 한 사건이 일어났습니다.

이 절에서 나무를 하던 부목(負木) 진재열이 몇 사람의 일꾼들과 함께 산에 나무를 베러 갔다가, 굴러내리는 통나무에 치어 질식사를 하였습니다.

시체는 즉시 옥천사로 옮겨졌으나, 진재열의 영혼은 옛 고향 집으로 갔습니다. 배가 많이 고픈 상태에서 죽었기 때문에, 그의 혼은 집에 오자마자 길쌈을 하고 있는 누나의 등을 짚으며 밥을 달라고 하였습니다.

그런데 이게 어찌된 일입니까? 어머니와 함께 길쌈을 짓던 누나가 갑자기 펄펄 뛰며 머리가 아파 죽겠다는 것이었습니다. 누나가 아프다고 하자 면목이 없어진 그는 한 쪽에 우두커니 서 있

있는데, 어머니가 보리밥과 풋나물을 된장국에 풀어 바가지에 담아 와서, 시퍼런 칼을 들고 이리저리 내두르며 벼락같이 고함을 지르는 것이었습니다.

"네 이놈 객귀야, 어서 먹고 물러가라."

기겁을 한 재열은 '그래도 절 인심이 좋구나'생각하며 옥천사로 올라왔습니다.

얼마를 오다 보니 아리따운 기생들이 녹색 옷에 홍색 띠를 두르고 장구를 치며 노는 모습이 가히 볼 만하였습니다. 더군다나 한 젊은 여자가 다가와서 같이 놀자며 옷자락을 잡아 끌었습니다. 그 때 재열은 "환락에 빠진 여인들을 가까이 하지 말라"는 스님의 말씀이 떠올라 다시 발걸음을 옮겼습니다.

절문 앞에 이르렀을 때, 평소와는 달리 수건을 머리에 질끈 동여맨 수십명의 무인들이 활을 쏘아 잡은 노루를 구워 먹으면서 함께 먹을 것을 권하였습니다. 재열은 이를 간신히 뿌리치고 옥천사의 자기 방으로 돌아왔고, 그와 동시에 죽었던 재열은 다시 살아났습니다.

그런데 조금 전에 집에서 보았던 누나와 어머니는 물론 여러 조객들이 자기를 앞에 놓고 슬피 울고 있는 것이었습니다. 영문을 알 수가 없었던 재열은 울다 말고 기절초풍을 하는 어머니에게 물었습니다.

"어머니, 왜 여기 와서 울고 계십니까?"

"네 놈이 어제 오후 산에 나무하러 갔다가 죽었지 않았느냐! 그래서 지금 초상을 치를 준비를 하고 있었다."

118

세상은 진정 일장춘몽이었습니다. 하도 어이가 없어 재열은 다시 어머니에게 물었습니다.

"어제 집에서 누나가 아픈 일이 있었습니까?"

"그럼, 멀쩡하던 년이 갑자기 죽는다고 하여 밥을 바가지에 풀어서 버렸더니 다시 살아나더구나."

재열은 고개를 끄덕였습니다. 그리고 잠시 후 기생들이 놀던 곳을 가 보았습니다. 그랬더니 비단 개구리들이 물장구를 치며 놀고 있지 않겠습니까? 또 절 문 앞의 무인들이 활 쏘던 곳으로 가 보니 벌들이 집을 짓느라고 날아다니고 있었습니다. 그제서야 비로소 무릎을 쳤습니다.

"윤회생사(輪廻生死)가 바로 이러한 것이로구나. 내가 만일 그 기생 틈에 끼었으면 나는 분명 비단 개구리가 되었을 것이요, 무인의 틈에 끼었으면 벌 새끼가 되고 말았을 게 아닌가?"

이 때 재열은 윤회전생(輪廻轉生)을 분명히 깨달았고, 그 뒤 열심히 불도를 닦았습니다.

이 이야기는 지금도 옥천사에 가면 들을 수가 있습니다.

애첩의 전신(前身)

조선 중기 한양에는 허정승이라는 분이 살고 있었습니다. 그에게는 천하일색인 애첩 박씨가 있었습니다. 애첩은 허정승에게 갖은 봉사를 다하였고, 허정승도 애첩 박씨를 무척이나 사랑하여 잠시도 떨어져 있기를 싫어 했습니다.

어느 해 봄, 나라에서 정승 판서들만이 모이는 어전회의(御前會議)가 열려 며칠동안 집을 비웠다가 돌아와 보니, 그토록 사랑했던 애첩 박씨가 사라지고 없었습니다. 하인들을 불러 간 곳을 물었더니 그들은 너무나 뜻밖의 말을 하였습니다.

"그저께 웬 숯장사가 숯을 팔러 왔었는데, 둘이서 뭐라고 몇 마디 주고 받더니 집을 나가 돌아오지 않았습니다."

허정승은 어이가 없었습니다. 그러나 애첩을 잊을 수 없어 백방으로 수소문을 하였지만 애첩의 행방을 아는 이가 없었습니다.

허정승의 머리에는 오직 도망간 애첩 생각밖에 없었습니다. 벼

슬도 정승도 다 싫었습니다. 오직 보고픈 애첩을 찾아야겠다는
일념 뿐이었습니다.

마침내 허정승은 조정에 들어가 사직서를 내고 애첩을 찾아 집
을 나섰습니다. 몇 년에 걸쳐 조선 팔도 방방곡곡을 찾아 헤메었
지만 애첩의 행방은 묘연하기만 했습니다.

어느덧 그는 오대산 깊은 산골에 이르게 되었고, 바위에 걸터
앉아 아픈 다리를 쉬며 한숨을 내쉬고 있는데, 길 저쪽에서 웬 여
자가 머리에 무엇을 이고 지나가는 것이었습니다. 그가 그토록
찾아 헤메었던 애첩, 바로 그 애첩이었습니다.

그는 너무나 기뻐 애첩에게로 달려갔습니다. 그러나 애첩은 그
를 보고도 반가워하는 기색이 없었습니다.

"당신이 떠난 후 정승 자리까지 마다하고 팔도강산 구석구석
을 찾아다니지 않은 곳이 없었소. 나는 이날 이때까지 당신만을
생각하며 살았다오. 과거지사는 따지지 않을테니 다시 한양으로
돌아 갑시다."

그러나 애첩은 싫다고 했습니다.

"그 숯굽는 이가 나보다 더 좋소?"

"좋습니다."

"나보다 무엇이 더 좋다는 말이오?"

"하여간 저는 그이가 좋습니다."

"진정 돌아가지 않겠소?"

"절대로 안갑니다."

절대로 안간다는 말을 남기고 여인은 뒤도 돌아보지 않고 총총

걸음으로 사라졌습니다. 허정승은 너무나 허무하여 오대산 상원사에서 중이 되었습니다.

그리고 몇 달을 참선하며 그토록 사랑했던 애첩이 떠나간 까닭을 생각했습니다.

"왜 그녀가 나를 떠나 갔을까? 왜 그녀는 나에 대해 그토록 냉정해진 것일까? 왜? 도대체 왜?"

하루는 이 생각을 하며 길을 걷다가 돌부리에 걸려 넘어지면서 머리를 다쳤습니다. 아픈 줄도 모르고 애첩이 떠나간 까닭을 생각하다가 정신을 차리고 보니, 상처는 이미 아물었고 잔디밭에는 피가 엉켜 있었습니다.

그 순간 그토록 궁금했던 자기와 애첩과의 과거 인연이 확연히 나타나는 것이었습니다.

허정승의 전생은 참선하던 승려였으며, 어느날 그의 몸에 이 한 마리가 붙었습니다. 그는 몸이 가려웠지만 철저한 수행승답게 피를 제공할 뿐 이를 잡지 않았습니다.

그러던 어느날, 공양을 받기 위해 신도집에 초대되어 갔는데 그날따라 이가 유난히 스님의 몸을 가렵게 만들었습니다. 스님은 몰래 그 이를 잡아 마루 옆에 있는 복실개의 몸에 놓았고, 그 이는 복실개의 몸에 붙어서 피를 빨아 먹고 살다가 죽었습니다.

그 인연이 금생에 와서 허정승과 애첩과 숯장사의 일로 전개되었습니다. 이는 애첩이 되어 전생의 수행한 공덕으로 높은 벼슬을 한 허정승에게 찾아와 수년간을 지극히 모셨고, 인연이 다하자 복실개의 후신인 숯장사를 따라가서 살게 되었던 것이었으며, 자신은 전생의 살아온 버릇대로 출가승이 되었던 것입니다.

세상의 모든 일은 우연히 이루어지는 것이 하나도 없습니다. 좋은 일이거나 궂은 일이거나 내가 짓고 내가 받는 것입니다. 진정 있는 그대로 꿰뚫어 볼 수 있다면 기뻐할 것도 슬퍼할 것도 없습니다.

영원조사와 명학동지

　조선 중기, 동래 범어사(梵魚寺)에는 명학동지(明學同知)라는 스님이 살았습니다. 당시 절집안에서는 강사도 아니고 법사도 아니지만, 재산이 조금 많은 스님을 '동지(同知)'라고 불렀는데, 이는 마을의 양반이나 진사(進士)에 해당합니다.

　하루는 명학동지가 푸른 용이 물 속에서 나와 범어사의 보제루(普濟樓) 기둥을 타고 올라가는 꿈을 꾸었습니다. '이상한 꿈도 꾸었다'생각하고 보제루에 가보니, 웬 거지아이가 거적데기를 덮고 기둥 밑에서 자고 있었습니다. 아이를 깨워 데리고 와서 막상 씻겨 놓고 보니 생긴 모습이 범상치 않아 제자로 삼았습니다.

　하루는 상추를 뜯어오라고 시켰는데 한 손가락을 세우고 징징 울면서 들어 왔습니다.

　"왜 우느냐?"

　"손가락을 베었습니다."

124

"손가락 끝 좀 베었다고 우느냐?"

"제가 아파서 우는 것이 아니라 상추가 불쌍해서 웁니다. 상추를 뜯으려고 줄기를 끊으니 하얀 피가 나오지 않겠습니까? 저는 손가락을 조금 베었는데도 이렇게 아픈데 몸통이 끊어진 상추는 얼마나 아프겠습니까."

자기가 생각했던 대로 근기(根機)가 다르다는 것을 다시 한 번 느낀 명학동지는 아이의 법명을 영원(靈源)이라 지어주고《초발심자경문》을 가르치기 시작했습니다. 영원은 열심히 배우다가 자경문(自警文)의 마지막 게송에 이르러 말했습니다.

"스님, '금생에 이 말대로 하지 않으면 후세에는 반드시 크게 한탄하리라(今生苦不從斯語 後世當然恨萬端)' 하였습니다. 그렇다면 이 글대로 도를 닦으러 가야 할 것이 아닙니까?"

"말이 그렇다는 게지, 지금 당장 어떻게 가란 말이냐?"

"스님이 못 가시면 저라도 보내주십시오."

"안된다. 네가 여기서 컸으니 가려거든 너를 키워준 것 만큼 떼어놓고 가거라."

명학동지가 못 가게 하자 영원스님은 몰래 도망을 쳐서 금강산으로 들어갔습니다. 거기서 열심히 수도를 하여 도를 깨친 다음, 앞에 보이는 시왕봉(十王峯)을 바라보니 염라대왕이 소리치는 소리가 들려 왔습니다.

"일직사자야, 월직사자야."

"예."

"범어사 명학동지를 잡아들여라."

"예."

'아, 우리 스님 가실 날이 얼마 남지 않았구나.'

영원스님은 바리때를 타고 금강산에서 범어사까지 날아와 명학동지를 뵙고 말하였다.

"스님, 급합니다. 저를 따라 나오십시오."

범어사의 뒷산인 금정산(金井山)은 '천 자라 만 거북'의 형세라고 합니다. 자라나 거북의 형상을 취한 집채만한 바윗돌과 납작납작한 바윗돌로 이루어진 특이한 모습의 산입니다. 영원스님은 명학동지를 데리고 이 금정산으로 올라가 한 바윗돌 앞에서 주장자를 굴리며 말했습니다.

"여기 사는 담당스님 나오시오."

그러자 시퍼런 구렁이가 한 마리 기어나왔습니다.

"스님, 보셨습니까? 이것이 담당스님 후신입니다."

또 다른 바윗돌 앞에 가서 쿵 주장자를 굴리며 "낙운스님 나오시오"하니, 누런 구렁이가 쓱 기어나왔습니다.

"스님, 보십시오. 이것이 낙운스님입니다."

그렇게 하기를 수십 번, 이번에는 한 돌 앞에 이르러 주장자를 굴리며 말하였습니다.

"여기 누구 계시오?"

여러 번 불렀으나 그 무엇도 나오지 않자, 영원스님은 명학동지를 돌아보며 말했습니다.

"여기가 바로 스님 자리입니다."

온몸에 소름이 돋은 명학동지는 소리쳤습니다.

"나는 안 들어갈란다!"

"스님, 들어가기 싫으시면 저를 따라 공부하러 가셔야 합니다."

"그래 그래, 가자."

그날 저녁, 명학동지는 돈고방·쌀고방·무명베고방·삼고방 등을 단단히 잠근 다음, 사람들에게 잘 보살펴 줄 것을 신신당부하고 상좌를 따라 나섰습니다. 지금도 안식루 근처에 가면 당시 명학동지가 쓰던 고방이 하나 남아 있습니다. 상좌는 뒤주재를 넘어가면서 스님께 말하였습니다.

"스님, 고개를 다 넘을 때까지는 절대로 뒤를 돌아보지 마십시오."

상좌의 말을 꼭 지키겠다고 약속을 한 명학동지였지만, 재물에 대한 미련이 너무 강하여 고개를 거의 다 넘어가서 뒤를 돌아보았습니다. 그런데 자기의 쌀고방이 불에 훨훨 타고 있는 것이었습니다.

"아이고, 내 쌀고방이 불탄다."

명학동지는 소리를 지르며 마구 뛰어 내려갔습니다.

"스님, 불이 아닙니다. 가지 마십시오!"

영원스님이 아무리 소리쳐도 명학동지는 듣지 않고 허겁지겁 달려 내려갔습니다. 그러나 그것은 진짜 불이 아니라 자기 마음에 일어난 욕심의 불이었고, 아직 때가 아니라고 느낀 영원스님은 다시 금강산으로 돌아갔습니다.

그로부터 10일 후, 영원스님이 가만히 앉아 있으니 시왕봉으로

부터 '명학동지를 잡아들였다'는 소리가 들려왔습니다. 영원스님은 바리때를 타고 범어사로 내려와 보니 진짜 상좌, 가짜 상좌 등 온갖 사람이 모여들어 장사를 지낼 준비를 한다고 법석을 떠는데, 마치 잔치집 같았습니다.

"저는 마땅히 부조(扶助)할 것이 없으니 설겆이나 도와드리겠습니다."

영원스님이 그릇들을 수곽에다 가득 담아 떡메로 마구 두드리자, 그릇 부숴지는 소리가 진동하였습니다.

"저 놈이 그릇 다 부순다."

스님들의 꾸짖는 소리가 울려퍼지자, 영원스님은 큰 삽으로 수곽의 그릇을 퍼내 선반 위로 던졌습니다. 그런데 신기하게도 새 것처럼 잘 닦인 그릇들이 대접은 대접대로 접시는 접시대로 분류가 되어 가지런히 놓이는 것이었습니다. 놀란 스님들이 한쪽으로 물러서자 영원스님이 말했습니다.

"다른 것은 다 그만두고, 명학스님께서 지금 배가 고프다고 하시니 흰 죽이나 큰 솥 가득 끓이시오."

흰 죽을 쑤어서 양쪽에 손잡이가 달린 무쇠 그릇에 가득 담아 보제루 앞 마당에 놓아 두라고 한 뒤, 영원스님은 뒷산으로 올라가 지난번에 명학동지가 들어갈 곳이라고 한 돌 앞에서 주장자를 굴리며 정중하게 말했습니다.

"스님, 나오십시오."

그러나 흰 구렁이가 기어나왔습니다.

"스님 시장하시지요. 몸뚱이가 그토록 크니 얼마나 배가 고프셨습니까? 흰 죽을 쑤어 놓았으니 드시러 가십시다."

보제루 마당으로 구렁이를 데리고 와서 흰 죽을 먹게 하니 그 많은 죽을 하나도 남기지 않고 다 먹었습니다.

"이제 배불리 먹었으니 무쇠 그릇에 머리를 찧고 죽으십시오."

그러나 구렁이는 눈물을 뚝뚝 떨구며 그냥 있었습니다.

"그 징그러운 몸뚱이가 무엇이 좋다고 눈물을 흘리며 우물쭈물 대느냐!"

영원스님이 호통을 치자 구렁이는 무쇠 그릇에 머리를 세 번 찧고는 벌벌 떨다 죽었습니다. 죽는 순간, 그 머리에서 푸른 빛이 튀어나와 금정산을 넘어 갔습니다. 영원스님은 주장자를 타고 푸른 빛을 쫓아갔습니다. 푸른 빛이 김해벌에 이르러 어떤 농가의 돼지우리 속으로 들어가려 하자 영원스님은 주장자로 후리치며 호통을 쳤습니다.

"어디 들어갈 데가 없어서 돼지의 몸 속으로 들어가려고 하느냐."

푸른 빛은 다시 마구간으로 들어가려 하였고, 영원조사는 이를 억제했습니다. 그렇게 하기를 수십번, 그들은 금강산 밑에까지 왔습니다.

마침 그곳에는 사십이 넘은 가난한 부부가 아직 아이를 갖지 못한 채 살고 있었습니다. 그 날따라 비가 와서 부부가 방에 앉아 두런두런 얘기를 주고받고 있는데, 푸른 빛은 그 집으로 쑥 들어갔습니다. 영원스님은 조금 있다 밖에서 인기척을 냈습니다.

"오늘부터 열달 후에 사내아이가 태어날 것이오. 그런데 그 아이는 당신 부부의 몸만 빌렸을 뿐 이 집 아이가 아니니, 세 살까지만 기르다가 나에게 주시오.”

“정말 아이가 태어난다면 그렇게 하리다.”

열 달 후, 스님의 말대로 사내아이가 태어났고, 중년의 부부는 어찌나 좋았던지 세월 가는 줄도 모르고 살았습니다. 그런데 어느 날 스님이 나타났습니다.

“3년 전에 저하고 약속하셨지요. 이제는 아이를 주시지요.”

“아니, 웬 중놈이기에 남의 아이를 함부로 달라고 하느냐!”

“그렇다면 아이에게 물어 보십시오.”

부부는 스님에게 눈을 부라리면서 아이를 붙잡고 물었습니다.

“저는 스님을 따라가겠습니다.”

너무 놀란 부부는 안된다며 아이의 앞을 가로 막았습니다. 스님이 못이긴듯 그냥 돌아서서 산모퉁이를 돌아가려고 하는데, 별안간 아이의 호흡이 가빠지더니 곧 숨이 넘어갈 듯했습니다. 부부는 황급히 스님을 불러 아이를 데리고 갈 것을 허락하였습니다.

영원스님은 아이를 데리고 금강산으로 와서, 방 안에 들어가게 한 뒤 밖에서 문을 잠그고, 바늘로 구멍을 뚫어놓고는 말하였습니다.

“이 구멍을 일심(一心)으로 들여다 보아라. 그러면 황소가 한 마리 나타날 것이다. 그런데 황소가 들어오는 것을 그냥 놓아 두었다가는 뿔에 받쳐 죽을 터이니, 뿔을 두 손으로 꽉 잡고 나를 부르거라.”

그 날부터 그 아이는 영원스님이 시키는 대로 밥 먹을 때 외에
는 그 구멍만 들여다 보았습니다. 그런데 여러 날이 지나가자 스
님이 말한대로 황소 한 마리가 그 작은 구멍으로 들어오는 것이
었습니다. 아이는 황소의 뿔을 꽉 붙잡고 소리를 질렀습니다.

"스님!"

바로 그 순간, 아이는 대오(大悟)하였습니다.

'아하, 알고 보니 스님이 바로 내 상좌였구나.'

우리 속담에 '바늘구멍에 황소바람 들어온다'는 말은 바로 여
기서 생겨난 것입니다.

낭백스님의 원력(願力)

　1600년대 후기, 동래 범어사에는 낭백(郞白)이라는 스님이 있었습니다. 그는 일찍이 범어사로 출가하여 공양주 소임을 열심히 살았고, 보시행(布施行)을 발원(發願)하여 자기가 가진 모든 재물을 가난하고 병든 사람들에게 남김없이 베풀었습니다.

　현재 부산 동래의 기찰(機察) 큰길 가에는 행인의 눈을 끄는 큰 소나무가 있고 그 아래 맑고 깨끗한 샘물이 있어 나그네의 갈증을 달래주는데, 이 소나무와 우물은 낭백스님이 행인들을 위해 심은 나무요 판 우물입니다.

　또 스님은 동래의 칼치재에다 오두막을 얽고 짚신을 삼아 이곳을 지나가는 행인들에게 주었으며, 동래에서 온천으로 가는 대낮다리 동편의 산기슭을 개간하고 참외·감자·옥수수 등을 가꾸어 배고픈 사람들에게 나누어 주었습니다.

　이러한 스님이었지만, 당시 억불정책 하에서 동래부사들이 범

132

어사에 대해 가하는 핍박은 언제나 스님의 마음을 아프게 했습니다. 동래부에서는 범어사에 갖가지 잡역(雜役)을 부과하였고, 관리들은 기분이 내키는 대로 스님들을 혹사시켰습니다. 절에서도 할 일이 태산같은데 매일같이 잡역에 들볶이니 어지간한 승려들은 범어사에 붙어 있으려 하지도 않았습니다.

낭백스님은 동래부사를 찾아가 새벽예불도 제대로 할 시간이 없는 승려들의 고달픔을 하소연하고자 했지만, 동래부사는 만나주지 조차 않았습니다. 어느 날 낭백스님은 부처님 앞에 나아가 간절히 기도를 드렸습니다.

"부처님. 저는 이제 이 생을 마치고자 합니다. 내생에는 큰 벼슬에 올라 공부하는 스님들이 쓸데없는 일에 시간을 빼앗기지 않고 공부할 수 있도록 보살피겠나이다."

이튿날 아침, 낭백스님은 범어사 대중들에게 말했습니다.

"나는 이 몸을 보시하고 가기로 작정하였으니, 내가 간 후 35년이 지나서 절의 잡역을 없애주고 불사를 위해 힘쓰는 관리가 오면 그 사람이 나인 줄 알게."

그리고는 금정산으로 올라가 범에게 몸을 던져 보시하였습니다. 범이 먹다가 남은 시체는 며칠 후 나무꾼들에 의해 발견되어 절로 옮겨서 화장하였는데, 그 때 사리와 영골(靈骨)이 나와 모신 탑이 지금도 범어사에 있습니다.

과연 세월이 흘러 35년이 지나자, 당시 이조판서를 지낸 조상경(趙尙絅)의 아들 조엄(趙曮 1719~1777)이 동래부사로 부임해 왔습니다.

따뜻한 봄날, 산천도 구경할 겸 범어사를 찾게 된 그는 동구 밖을 지날 때 묘한 향수를 느꼈고, 절에 이르러서는 마치 고향에 돌아온 듯한 감격에 젖으며 법당에 올라가 무수히 절하였습니다.

그리고 절의 사정을 스님들에게 낱낱이 묻더니 승려들의 모든 잡역을 면제시켜 주었고, 많은 불사를 할 것을 약속하였습니다.

범어사 스님들은 너무나 기이하여 순찰사에게 나이를 물었더니 35세라는 것이었습니다. 스님들은 낭백스님의 이야기와 함께 오늘이 낭백스님의 35번째 제삿날이라는 것을 일러주자, 조엄은 자신의 전생이 낭백스님임을 깨닫고 평생을 통하여 범어사에 많은 불사를 하였습니다.

샹카의 전생기억

　기독교에서는 전통적으로 윤회를 부정합니다. 그러므로 인과응보에 의한 육도전생(六道轉生)에 대해서는 알려고도 하지 않았습니다. 그러나 최근에 이르러 기독교 문화권의 구미제국에서는 여러가지 연구방법과 과학적인 실증을 토대로 윤회전생에 대한 많은 업적을 이루어 놓았습니다. 특히 미국 버지니아대학 초심리학연구실의 이안 스티븐슨 박사는 2천 건에 이르는 실증을 남겼습니다. 그 가운데 1962년부터 1965년까지 조사한 '샹카의 전생'에 대한 일단의 이야기를 소개하겠습니다.

　이 이야기의 주인공은 1961년 7월, 인도 동북부의 우타르푸라데시 주(州) 카나우지 시(市)에서 태어난 '샹카'라는 아이입니다.
　샹카는 태어나서부터 앞쪽 목을 가로지르는 길죽한 반점이 있었습니다. 그 모양은 마치 칼에 다친 상처가 아문 흉터처럼 보였는데, 출생한 3~4개월이 지나서야 어머니는 반점이 있는 것을 비로소 볼 수 있었다고 합니다.

2세가 되어 이 아이가 말을 하기 시작하자, "나는 이발사 프라셔드의 아들이었다"하는 것이었습니다. 그리고 지금 자신이 살고 있는 카나우지 시의 다른 구역인 팟파리 지구에 전생의 자기 집이 있다고 하면서 거듭거듭 졸랐습니다.

"여기는 나의 집이 아니예요. 이발소를 하는 아버지가 있는 집으로 데려다 주세요."

또 샹카는 전생에 가지고 놀던 장난감의 이름이나 놓아둔 곳을 자주 들먹였습니다. 그런데 그 장난감들 가운데에는 대다수의 인도 부모들이 사줄 수 없는 비싼 것들이 꽤 있었습니다.

샹카는 자기의 식기인 나무 접시가 전생 부모집의 찬장 안에 들어 있다고 하는 등 자기가 가지고 놀던 장난감들이 두었던 곳에 잘 간직되어 있다고 하였습니다. 이와 같은 일들은 뒷날 전생의 집을 찾아가서 아버지인 프라셔드와 어머니에게 확인해 본 결과 사실과 조금도 다름이 없었습니다.

샹카의 아버지인 구프타는 어린 아들에게 전생의 이야기를 못하도록 했습니다. 그것은 자신의 형편으로는 사줄 수 없는 호화로운 장난감들을 자주 거론한다는 점도 있었지만, 무엇보다도 전생에 있었던 끔찍한 이야기를 하기 때문이었습니다.

전생의 기억을 이야기하는 아이들은 대개 전생에서 자신이 어떻게 죽었는가? 곧 병으로 죽었다든가 어떠한 돌발사고로 불행하게 죽게 되었다는 등의 이야기를 많이 하는 공통점이 있습니다. 샹카도 예외 없이 끔찍하게 죽은 자신의 전생 경험을 곧잘 이야기했습니다.

샹카의 말에 의하면, 그는 고급과자인 구우바스를 먹고 있다가 강가로 끌려가서 흉악한 사람에게 목을 잘려 살해되었고, 땅속에 매장되었다는 것입니다.

"내 목 주위에 있는 반점은 목이 잘렸을 때 생긴 상처자국이다. 그리고 나를 죽인 범인은 챠투우리와 자와하르다. 반드시 그들을 죽여 복수하겠다."

그 말을 할 때마다 샹카의 얼굴에는 살기가 번쩍이는 것이었습니다.

샹카가 5살이 되던 초여름의 어느 날, 마을에 있는 사원에서 중대한 사건이 일어났습니다. 이웃이 재주(齋主)가 되어 재(齋)를 올리는 사원으로 어머니와 함께 간 샹카는, 독경소리를 듣고 있다가 지루함을 느껴 이 사람 저 사람 주위를 둘러보기 시작했습니다. 샹카의 눈이 한 남자의 얼굴에 닿는 순간, "앗!"하고 작은 목소리로 외쳤습니다. 순간적으로 샹카의 얼굴은 공포로 가득 찼으며, 곧 몸을 사시나무 떨듯하면서 어머니에게 매달렸습니다.

"저 ……저 ……저 사람이 챠투우리야."

샹카는 모기만한 목소리로 말했습니다. 어머니는 평소 아들에게 들은 바가 있었으므로 반신반의하면서도, 너무나 무서워하는 아들의 모습을 보고는 조용히 샹카의 손을 잡고 밖으로 나오지 않을 수 없었습니다.

전생에 흉악범들에게 살해되었다는 샹카, 전생을 기억하는 샹카에 대한 소문은 사람들의 입을 통해 퍼지기 시작하였고, 마침내 전생의 아버지인 프라셔드의 귀에도 들어가게 되었습니다. 지금 샹카가 태어나 살고 있는 카나우지 시의 다른 구역에는 어린 샹카가 전생의 기억으로 말한 프라셔드라는 이발소가 실제로 있었던 것입니다.

샹카의 전생 아버지 프라셔드는 들리는 소문의 사실 여부를 확인하기 위해 샹카의 집을 찾아왔습니다. 그 때가 샹카의 나이 5살이 되던 1965년 초여름이었습니다.

그러나 샹카의 현재 아버지 구프타는 프라셔드를 상대하기를 의도적으로 기피하였습니다. 샹카의 비참했던 죽음이 널리 퍼지게 되면 포악한 무리들이 자신들의 범법행위가 들어날까 염려하여 또 다시 흉칙한 짓이나 하지 않을까 하는 우려도 있었고, 전생의 좋지 않은 기억을 많이 하고 있는 것이 어린 아들에게 도움이 되지 않으리라는 생각 때문이었습니다. 또 전생의 자기 집으로 데려다 달라고 졸라대곤 한 일이 있었으므로 혹시 아들을 빼앗기지나 않을까 하는 걱정도 없지 않았습니다.

하는 수 없이 프라셔드는 그냥 돌아갈 수밖에 없었습니다. 다만 주변 사람들의 이야기를 들어본 결과, 죽은 자기 아들이 샹카로 다시 태어난 것이 틀림없다는 확신을 얻었습니다. 프라셔드는 그 뒤 여러 차례 샹카의 집을 찾아 마침내 샹카와 만날 수 있게 되었습니다.

1965년 7월 어느 날, 샹카와 전생의 아버지 프라셔드가 처음

만나는 장면은 참으로 진지하고 감격적이었습니다. 어머니의 배려 아래 10여 명의 여자들이 모인 샹카의 집 문턱에는 전생의 아버지인 프라셔드가 앉아 있었고, 가족의 손을 잡고 집으로 돌아오던 샹카는 문간에 앉아 있는 프라셔드를 보는 순간, 발을 멈춘 채 뚫어지게 바라다보는 것이었습니다.

"아가야, 참 예쁘구나. 이리 오너라. 이름이 뭐지? 아저씨를 모르겠니?"

다정하게 불렀지만 그 아이가 움직일 생각을 하지 않자, 프라셔드는 세 번, 네 번 되풀이해서 말했습니다. 그러자 샹카는 말없이 쑥스러운 태도를 보이다, 갑자기 울기라도 할 듯한 감정의 변화를 보였습니다. 프라셔드는 아이가 자신을 무서워해서 그러는 것이라 생각하고 더욱 부드러운 음성으로 말했습니다.

"예쁜 아가야, 무서울 것 없다. 아저씨가 자주 돈을 주었는데 생각이 나지 않니?"

그러자 샹카는 프라셔드의 곁으로 다가와서 아무 말 없이 무릎 위에 앉는 것이었습니다. 그리고는 곧 이렇게 말했습니다.

"아버지, 나는 치팟테이의 학교에서 책을 잘 읽었지? 나무 접시는 찬장 속에 들어 있어."

프라셔드가 그 아이에게 처음 말을 걸고 나서 샹카가 프라셔드의 무릎에 안기까지는 20분 가량의 시간이 걸렸다고 합니다.

이렇게 해서 샹카는 전생의 부친을 알아 보았고, 치팟데이 학교에 다니고 있었던 일, 나무 접시가 찬장 속에 있었다는 새로운 사실을 밝혔습니다.

그 뿐만이 아닙니다. "책을 넣는 가방도 가지고 있었다"하였고, 프라셔드가 차고 있는 시계를 보고는 "그 시계는 내 것이지?"라고도 물었는데, 그것은 다 사실이었습니다. 샹카는 프라셔드에게 많은 것을 물었습니다. 특히 그 질문 가운데는 자기 소유의 장난감에 대한 것이 많았습니다.

"아버지가 사준 링도 책상 안에 넣어 두었는데 아직 팔지 않았죠?"

"팔지 않았다. 걱정마라. 그런데 네가 그것을 보면 알 수 있겠니?"

"응, 알 수 있어."

샹카가 자신있게 대답했습니다.

샹카의 전생의 이름은 므나였습니다. 이발사 프라셔드의 외아들이었던 므나는 아버지의 사랑을 끔찍이 받으며 자랐습니다. 재산도 남못지 않게 있었으므로 아들 므나가 요구하는 고가의 장난감은 모조리 사 주었습니다. 그런데 프라셔드의 친척이며 이발사였던 자와하르가 프라셔드의 재산을 상속받기 위해 샹카를 죽인 것입니다. 외아들 므나만 없으면 프라셔드의 재산은 자연 그에게 돌아오기 때문이었습니다.

이제 범인들이 범행을 저지른 실제 상황과 샹카가 3살 때부터 자신이 어떻게 살해되었는가를 말한 내용을 비교해 보기로 합시다.

샹카가 평소 말한 내용은 "목이 잘리고 살해당해서 땅속에 묻혔다. 살해당하기 전에 구우바스 과자를 먹고 있었으며, 강가로 끌려가서 살해되었다"고 하였는데, 실제로 믄나는 목이 절단된 채 묻혀 있는 시체로 발견되었던 것입니다. 또 믄나의 어머니는 믄나가 유괴되어 살해되던 날 밖으로 놀러 나가기 전에 구우바스 과자를 먹었음을 증언하였고, 용의자 두 사람이 그 날 믄나와 함께 있었음을 목격한 사람도 있었다는 것입니다.

세탁부 챠투우리는 뒤에 다시 번복하기는 하였지만, 처음 체포되어 자백할 당시의 이야기로는 공범이 자와하르이고 살해할 당시 면도칼을 사용했다고 진술했습니다. 그리고 믄나의 머리가 발견된 근처에서 자와하르의 구두조각이 발견되기도 하였습니다.

그리고 샹카의 회상에 의하면, 범인들은 '게리'라는 놀이를 하러 가자고 자신을 유인하였으며, 살인 현장은 찬타미니 사원 근처의 강가로 끌려가 과수원 안에서 살해되었고, 범인은 이발사 자와하르와 세탁부 챠투우리 두 사람이었다는 것, 시체는 토막이 되어 땅속에 묻혔음을 말하였던 것입니다.

프라셔드는 여러가지 진상을 토대로 하여 평소부터 자와하르와 챠투우리를 범인으로 추정하고 심증을 굳혀 오던 중, 믄나의 후신인 샹카의 전생 기억과 자신의 추리가 부합되자, 사건의 재수사를 요청하는 운동을 벌였습니다.

상황이 이렇게까지 진전되자, 금생의 아버지 구프타는 여러가지 위협이 현실로 나타날까 걱정하여 샹카에게 전생 이야기를 하지 못하도록 함과 동시에, 멀리 떨어진 친척 집에 맡겨 1년 동안 격리를 시켰습니다. 그 얼마 뒤 믄나의 외할머니가 그 마을의 친척집에 와서 한 소년에게 샹카를 불러 올 것을 부탁하였고, 그 말을 들은 친척 아주머니는 샹카와 함께 가서 물었습니다.

"저 할머니가 누군지 알겠니?"

"캄푸울에서 나니 할머니가 오셨군."

머리를 잠시 동안 숙이고 있다가 샹카가 대답한 것입니다. 과연 나니는 샹카의 전생 외할머니의 이름이었으며, 이 외할머니는 캄푸울에 살고 있었다는 것입니다.

이상 실화를 통하여 볼 때 금생의 샹카가 전생의 믄나라는 사실은 의심할 여지가 없으며, 전생이 있음을 부정할 수만은 없을 것입니다. 그리고 샹카는 전생의 기억 중 특히 죽음에 대해 특별한 집착을 가지고 있었습니다. 억울한 죽음이 마음 깊은 곳에 그대로 간직되었으므로, 몸을 바꾸어 태어났지만 그 의식은 전생을 더듬고 있었던 것입니다.

윤회와 인과응보에 대한 실증은 옛날의 예도 무수히 전하여지고, 오늘의 우리 주위에서도 얼마든지 찾아볼 수 있으며, 서구에서도 저명한 대학의 유수한 연구진에 의해 여러 각도에서 연구하고 실증하는 작업이 활발히 진행되고 있으니 실로 다행한 일이라 하지 않을 수 없습니다.

폐사가 되어버린 간월사

양산 통도사에서 영축산을 넘어 언양 석남사로 가는 길 사이에 간월사(澗月寺)라는 큰 절이 있었습니다. 그런데 이 절의 스님들은 객승이 찾아오는 것을 무척 싫어하였고, 오더라도 푸대접하기가 일쑤였습니다. 하루는 행색이 초라한 객승이 찾아와서 물었습니다.

"이 절 스님네의 소원은 무엇입니까?"

"당신과 같이 시시껄렁한 사람들이 제발 찾아오지 않았으면 좋겠소."

"그것이 소원이라면 일주문 앞에 있는 저 널찍한 바위를 깨뜨리시오. 그러면 손님이 오지 않을 것이오."

간월사의 스님들은 그 말대로 일주문 앞의 바위를 깨뜨렸습니다. 그러자 학 두 마리가 허공으로 날아 올랐고, 그 순간 간월사에는 큰 불이 났습니다. 그리고 날아 오른 학 두 마리 중 한 마리

는 통도사의 선자바위 속으로, 다른 한 마리는 범어사 두쥐재 속
으로 들어갔습니다. 그 때부터 통도사와 범어사는 크게 번창하였
고, 간월사는 완전히 망해버렸다고 합니다.

인과응보는 개인에게만 나타나는 것이 아닙니다. 직장도 사회
도 구성원의 공통된 업에 따라 과보를 받게 마련입니다. 경영을
맡은 사람은 절대로 손님을 푸대접해서는 안됩니다. 찾아오는 사
람이 미운 사람이든 고운 사람이든 성의껏 알뜰히 살펴주어야 복
이 가득 쌓이는 법입니다.

땡추를 징벌한 설악산 산신

설악산 봉정암에 한 동냥중 땡추가 와서 주인으로 있을 때의 일입니다. 한 노거사가 백일기도를 하고자 봉정암을 찾아갔습니다. 그는 자지도 않고 아랫목에 앉아서 기도하되, 아주 고단하면 조금 졸며 백일을 계속해서 기도하였는데, 그 노거사가 경험한 이야기입니다.

그 당시에는 동냥을 해서 술과 고기를 먹고 바람을 피우는 땡추중들이 많은 때였습니다. 어느 날 이 땡추중이 출타했다가 보름 후에 돌아오더니 잠에 곯아떨어지는 것이었습니다. 그런데 깜짝 놀라 일어나더니 중얼거렸습니다.

"에잇! 꿈도 고약하다, 고약해."

"무슨 꿈을 꾸었습니까?"

"아, 수염이 하얀 영감이 오더니 나를 보고 단단히 나무라면서, '네가 계속 버릇을 고치지 않으면 우리 집 개를 보내겠다'고 하지 않겠소?"

노거사는 이 땡추가 어디 가서 나쁜 짓을 하고 온 것이 분명하다고 생각하여, 이튿날 아침을 먹고 땡추에게 말했습니다.

"당신이 아무래도 좋지 못한 짓을 하는 모양이니, 이제라도 아주 끊으십시요. 여기 설악산 산신을 대수롭지 않게 생각해서는 안됩니다. 이 다음에 또 막행(莫行)을 하면 정말 개를 보낼 것이니 조심하시요."

"꿈이라는 것은 본래 헛것이요. 별일이야 있겠습니까?"

땡추중은 듣지 않고 며칠 후에 또 다시 나갔다가 보름만에 돌아왔습니다.

그 날 저녁, 노거사가 아랫목에 앉아 있고 땡추중은 옆에 누워 자는데, 밤 열두 시쯤 되자 밖에서 벼락치는 소리가 크게 나더니 와지끈 하는 소리와 함께 방문이 활짝 열렸습니다. 그와 동시에 무엇인가가 땡추중을 데꺽 집어내어 버렸습니다. 순간적인 일에 노거사는 혼이 나가 기도도 잊은 채 한동안 멍청하게 앉아 있었습니다.

한참 뒤에야 등불을 밝혀 절 주위를 살펴보기 시작했습니다. 마당 한 쪽에서 사리탑 쪽으로 올라가는 곳에 삐딱하게 누워 있는 큰 바윗돌에 피가 묻어 있고 대소변을 본 흔적이 있었습니다.

깜짝 놀란 노거사는 손발을 덜덜 떨며 오세암으로 내려갔습니다. 봉정암에서 약 십오리쯤 내려가면 수석이 좋은 곳이 있는데, 그 곳에 땡추중의 시신이 어지럽게 흩어져 있었습니다. 목은 목대로 떼어 바윗돌 위에 조각품 모양으로 얹어 놓았고, 사지를 찢

어 팔은 팔대로 다리는 다리대로 창자는 창자대로 여기저기 나무
에 걸어 두었더라는 것입니다.

  그러나 그 땡추중의 육신을 먹은 흔적은 없었습니다. 그것을
본 노거사는 주저앉아 정신을 못차린 채 얼마를 있다가, 마음을
가다듬고 오세암으로 내려가 스님들을 데리고 와서 화장을 했다
고 합니다.

  이것은 호법신장(護法神將)이 응징을 한 것이라 할 수 있습니
다.

법사를 비방한 술집노파

　과거에 묘향산에 한 법사(法師) 스님이 있었는데, 그 분의 단점은 곡차를 즐기시는 것이었습니다. 스님은 가끔 마을의 술집으로 찾아가 곡차를 한잔씩 자시고 들어오곤 하였습니다.

　어느 날 그 스님이 《화엄경》을 강의하게 되었을 때 마침 술을 팔던 노파도 법회에 참석하였습니다. 평소에 자주 만나 허물없이 농을 하는 사이였으므로 노파가 슬쩍 놀렸습니다.

　"술을 먹으러 왔을 때는 영락없는 술 주정꾼이더니 그 법상에 딱 올라가니 제법 부처님 같네요."

　그 말을 듣고 스님은 말렸습니다. 그러나 노파는 계속해서 농을 하다가 사흘 만에 그만 피를 토하고 죽었습니다. 신장들이 호법(護法)한다고 그렇게 한 것입니다.

상사뱀

남녀의 애정 결합이 순수하고 진실하고 변하지 않을 때 값진 삶은 저절로 깃들기 마련입니다. 일편단심, 일념의 사랑은 이 세상을 바꾸어 놓습니다. 일념의 사랑은 모든 것을 정화하는 원동력이 됩니다. 생사의 근원이 되는 음욕까지를 맑게 다스려서 참삶의 길로 돌이키는 힘을 가지고 있습니다.

부모에게 효도하고 처자에게 해야 할 바의 일을 충실히 하는 사람 중에는 방종하는 사람을 찾아볼 수 없고, 남편에게 의리를 지키고 일편단심 가정을 생각하는 여인이 타락하는 예는 찾아 볼 수 없습니다.

그러나 요즈음의 일부 사람들, 특히 사랑과 이별을 너무 쉽게 생각하는 젊은이들 중에는 가정생활을 원활하게 이루기 위하여 서로 의지하고 서로 경계하고 규제하는 법도를 싫어하는 이들이 많습니다. 그들은 나만의 자유와 쾌락을 소중히 여기는 경향이

강합니다. 그러나 혼자만을 위하는 자유와 쾌락은 자신을 외톨이로 만들어 버립니다. 그에게는 의지할 데도, 간섭할 사람도 없으므로, 특별한 인격을 갖추지 않은 이상 방종하거나 성격 이상을 가져오는 경우가 허다합니다.

남녀의 결합은 어디까지나 세속적인 애정의 결합이고 약속인만큼, 어느 한 쪽에서 그것을 배신하고 저버릴 때에는 상처를 받는 쪽의 아픔은 말할 수 없이 큰 것이며, 배신자 역시 배신을 한죄책감에서 쉽게 헤어나지 못하게 되는 것입니다. 분위기에 따라만났다가 헤어지는 것이 아니라는 말입니다.

서로를 살리고 인생을 가치있게 만드는 것이 사랑이거늘, 정당한 이유 없이 사랑하던 사람을 배신하여서야 되겠습니까? 사랑에한이 맺힌 사람은 죽어서 상사뱀이나 원귀가 되어 원한을 갚는다는 말이 있듯이, 사랑의 배신은 큰 원한을 사는 일이므로 크게 자제해야 합니다.

전라남도 고흥의 수도암(修道庵)은 상사뱀이 되어 밤마다 괴롭히는 한 여인의 원혼을 천도하기 위해 세운 절입니다. 그 창건연기를 함께 살펴봅시다.

과거에 낙방한 홍씨(洪氏) 총각은 한려수도의 장관을 넋없이바라보며 고향으로 돌아가는 무거운 발걸음을 옮기고 있었습니다. 고흥 땅 풍남리라는 작은 포구를 뒤로 하고 지나갈 무렵, 장대처럼 쏟아 붓는 비를 피하기 위해 홍총각은 대나무 숲 속의 초가집으로 뛰어들었습니다. 그러나 그 집은 들이치는 비를 밖에서

150

피할 만한 곳이 따로 없었습니다.

"주인 계십니까? 잠깐 비를 피해 갈까 합니다."

방문이 열리면서 놀란 눈을 한 젊은 여인이 모습을 보였습니다.

"방은 누추하지만 관계치 않으시면 잠시 들어오시어 비를 피해 가십시오."

홍총각은 옆으로 비켜선 여인이 좀처럼 보기 어려운 절세의 미인임을 느낄 수 있었습니다. 저녁 나절에 시작된 폭우는 날이 어두워질 무렵부터 한층 더 쏟아졌으므로, 두 사람은 한 방에서 밤을 지낼 수 밖에 없었습니다.

기골이 장대하고 미목이 수려한데다 어질고 믿음직스러워 보이는 홍총각에게 여인은 저녁을 대접하며 이런 이야기 저런 이야기를 하기 시작했습니다.

한때 고을의 이름난 미인으로서 뭇 남성들의 선망이 되었던 자신이었건만 시집온 지 1년 만에 남편이 병으로 죽어 과부가 된 이야기며, 병간호 때문에 있는 재산마저 다 잃어 모든 것이 싫어진 나머지, 이 숲 가운데 오두막을 짓고 세상을 등진 채 살고 있다는 것이었습니다.

홍총각 또한, 부럽지 않은 양반집 자제로서 청운의 꿈을 품고 과거에 응시하였으나 낙방하고 집으로 돌아가는 길이라는 이야기를 하게 되었습니다.

전생의 인연이었던지 두 사람은 마침내 뜻이 통하여 백년가약을 맺기로 하고 하룻밤에 만리장성을 쌓았습니다.

이튿날 아침, 홍총각은 집으로 가는 즉시 부모님의 허락을 받아 꽃가마를 가지고 데리러 오겠다는 약속을 남긴 채 길을 떠났습니다. 그러나 열흘이 지나 보름이 가고 한 달, 두 달, 1년이 다 가도록 한 번 간 홍총각은 다시 나타나지 않았습니다.

여인은 뒷동산에 올라가 하염없이 바다와 나룻배를 바라보며, 기다리고 기다리다 지쳐 몸져눕게 되었습니다. 워낙 상사병이 깊어 약으로는 어이할 수 없다는 의원의 말대로, 홍총각과 이별한 지 꼭 1년 만에 한을 품은 채 숨을 거두고 말았습니다.

한편 홍총각은 부모님의 기대와 간절한 소망에 따라 엄한 훈계 속에서 초가집 여인을 까맣게 잊은 채 열심히 책을 읽으며 과거 준비를 했습니다. 그리하여 그 다음 과거에 급제하였고, 함평 현감으로 부임하여 양가댁 규수를 아내로 맞아 단란하게 살고 있었습니다.

그러던 어느 날, 현감이 술이 거나하게 취해 막 겉잠이 들었을 때였습니다. 이불 속에서 이상한 소리가 나서 눈을 뜨자, 눈앞에는 커다란 구렁이가 혀를 날름거리고 있는 것이었습니다. 그는 곧 큰소리로 외쳤습니다.

"게 누구 없느냐. 빨리 들어와서 저 구렁이를 냉큼 붙들어 내어라."

하인들이 문을 열려고 하였지만 문은 열리지 않았고, 문을 부수려 하자 손에 쥐가 내려 움직일 수가 없었습니다. 현감은 숨이 콱콱 막히고 정신이 몽롱해졌습니다. 그 때 구렁이는 혀를 날름거리면서 여자 음성으로 역력하게 말을 하는 것이었습니다.

152

"도련님. 당신은 왜 저를 버리셨습니까? 저를 모르시겠습니까? 저는 당신의 언약을 믿고 애절하게 기다리다 상사병으로 죽은 여인입니다. 맹세를 저버리면 구렁이가 되어 당신을 죽이겠다고 한 그 날 밤의 약속을 잊으셨습니까?"

그러다 새벽이 되어 첫닭이 울자 구렁이는 온데간데없이 사라졌습니다. 현감은 총각 시절의 잘못을 뉘우치며 사죄하였지만, 그 날 이후 밤이 깊어지면 반드시 구렁이가 나타나는 것이었습니다. 급기야 병을 얻은 현감의 모습은 말이 아니었습니다. 약도 쓰고 굿도 하였지만 효험이 없었습니다. 생각다 못한 현감은 깊은 산 속의 고승을 찾아가 구원을 청하였습니다.

"여인이 살던 대나무 숲 속의 초가집을 헐고 그 곳에 절을 지은 뒤, 재(齋)를 크게 지내 주고 아침 저녁으로 축원을 하시오."

스님의 가르침에 따라 현감은 절을 창건하고 여인의 극락왕생을 축원하였으며, 그 뒤부터 상사뱀은 나타나지 않았다고 합니다.

이 이야기를 단순한 하나의 전설이나 민속신화로 돌릴 수도 있을 것입니다. 그러나 남녀 사이의 굳은 약속을 배신하게 되면 그 인과는 어떤 형태로든 반드시 좋지 않게 되돌아온다는 것을 명심해야 합니다.

가보인 저울을 태운 아들

중국 양주(楊州)에 화물운반을 업으로 삼는 사람이 있었습니다. 그는 임종할 때 아들에게 저울 하나를 주며 말했습니다.

"이 저울은 우리 집안을 일으킨 물건이다. 오목(烏木)으로 만들었는데, 중간에 수은(水銀)을 넣었단다. 추(錘)가 뒤로 물러나가면 수은이 머리 쪽으로 쏠려 사람들에게는 무겁게 보이나 실은 무게가 작게 나가며, 추가 앞으로 가면 수은이 꼬리 쪽으로 몰려 사람들에게는 가볍게 보이나 도리어 무게가 많이 나가도록 만들어져 있다. 이 저울 덕에 내가 재산을 모은 것이니라."

그러나 아들은 그 저울을 가보로 삼지 않았습니다. 오히려 아버지의 장사를 지낸 다음, 아버지의 죄를 사해 줄 것을 빌며 저울을 태웠습니다. 그런데 그 연기 속으로 푸른 뱀의 형상이 피어 올랐고, 그 뒤 사랑하던 두 아들이 갑자기 죽어 버린 것이었습니다.

아버지의 죄를 사하려 한 것이 두 아들을 죽게 하다니!

인과가 거꾸로 됨을 탄식한 그는 넋을 잃은 채 모든 의욕을 잃고 말았습니다.

그러던 하루는 꿈에 금갑신(金甲神)이 나타나 깨우침을 주었습니다.

"너의 아버지가 치부(治富)한 것은 전세에 작은 선(善)을 쌓았기 때문일 뿐 저울로 인한 것이 아니었느니라.

그러나 너의 아버지가 금세에 마음을 공평하게 쓰지 않고 매우 많은 죄를 지었기 때문에 상제(上帝)께서 파모이성(破耗二星:무엇이든 깨고 부수는 신)을 너의 두 아들로 태어나게 하여, 장차 집안을 망치고 화재를 당하도록 만들어 놓았던 것이다.

다행히 네가 아버지처럼 욕심을 부리지 않고 가보로 삼으라는 저울까지 태워버렸기에, 상제께서는 너의 집안을 망치기 위해 보냈던 파모이성을 다시 거두어들이신 것이다. 이제 멀지 않아 선신이 아들로 태어나 네 뒤를 빛나게 할 것이니, 너는 좋은 일을 힘써 행하도록 하라."

꿈에서 깨어난 그는 크게 깨달아 선사(善事)에 힘썼고, 뒤에 다시 두 아들을 얻어 진사(進士)가 되었다고 합니다.

남을 속여 지금 당장의 이익을 취하였다면 기뻐하기 전에 그 업이 얼마나 쌓이고 있는가를 생각해야 합니다. 삿된 방법으로 돈을 모으는 이상은 올바른 결실이나 해탈의 도를 생각할 수 없는 것입니다.

적어도 불자는 속이는 것을 업으로 삼아서는 안됩니다. 진실한 마음이 복된 삶을 얻게 한다는 사실은 결코 변하지 않는 것입니다. 진정한 행복이 무엇입니까? 한 푼의 돈과 한 조각의 명예입니까? 진실을 팔아 구할 수 있는 것은 악업(惡業)과 죄의 구렁텅이 뿐입니다.

개미떼를 살리고 명이 길어지다

옛날 관상을 잘 보는 스님이 친구의 아들을 상좌로 데리고 있었습니다. 아이의 아버지가 '아들의 명이 너무 짧으므로 스님을 만들면 짧은 명을 넘길 수 있을 것'이라 기대하면서 보내 왔던 아이였습니다.

그러나 어느 날 상좌의 관상을 보던 스님은 깜짝 놀랐습니다. 1주일 안에 상좌가 죽을 상이었기 때문이었습니다. 스님은 친구의 어린 아들이 절에서 죽으면 친구 내외가 너무나 섭섭해 할 것 같고, 다만 며칠이라도 부모 옆에서 같이 지내게 해 주는 것이 좋으리라 생각하여 상좌에게 일렀습니다.

"집에 가서 삼베옷도 한 벌 만들고 무명옷도 만들고 버선도 짓고 하여, 한 열흘 다녀 오너라."

살아있는 동안만이라도 집에서 부모님과 함께 지내다가 부모 앞에서 죽으라는 것이었습니다. 그런데 열흘이 지난 뒤, 상좌는 옷도 만들고 버선도 짓고 스님 잡수시라며 떡까지 해가지고 아무 일 없이 돌아왔습니다.

돌아온 상좌의 얼굴을 보고 스님은 이상하게 생각했습니다. 얼굴이 본래 단명한 상인데다 최근에 상이 아주 나빠져서 꼭 죽는 줄 알았는데, 그 나쁜 기운은 완전히 사라졌을 뿐 아니라 앞으로 장수할 상으로 변하여 있었던 것입니다. 틀림없이 사연이 있을 것이라고 생각한 스님은 상좌에게 자초지종을 캐물었습니다.

"집으로 가는 길에 작은 개울을 건너가게 되었는데, 개미떼 수천 마리가 새까맣게 붙어 있는 큰 나무 껍질이 흙탕물에 떠내려오고 있었습니다. 조금만 더 가면 작은 폭포가 있고 그 아래로는 물이 소용돌이 치고 있어서 모두가 빠져 죽을 상황이었습니다.

순간 스님께서, '죽을 목숨을 살려 주어야 불자로서의 도리를 다하는 것이고 복을 받는다'고 하신 말씀이 생각 나서 얼른 옷을 벗어부쳐, 옷으로 나무 껍질과 그 개미들을 다 받아 가지고 마른 언덕 땅에다 놓아 주었습니다. 그 뿐입니다."

스님은 그 말을 듣고 무릎을 탁 쳤습니다. 그리고 상좌의 등을 두드려 주며 말했습니다.

"그러면 그렇지! 개미떼를 살려준 방생의 공덕으로 장수하게 되었고 부처님의 법을 잘 공부하게 되었구나. 이 모두가 불보살님의 가피력이 아니고 무엇이겠느냐! 나무관세음보살마하살."

7일 뒤에 죽을 상좌의 생명은 개미들을 살려준 공덕으로 70년 연장되어 80세를 넘겨서 죽었다고 합니다.

IV
축생으로
태어나서까지

소가 된 왕중주

6·25사변 직후의 일입니다. 금강산에 계시던 이혜명(李慧明) 스님이 부산으로 피난을 와서 나를 비롯한 여러 스님께 한 편의 실화를 들려 주었습니다.

이혜명 스님은 경전에도 밝을 뿐 아니라 재를 지내는 등의 각종 의식 집전은 물론 범패도 아주 잘하셨습니다. 그래서 '팔방미인 큰스님'으로 불리어지기도 했습니다. 스님은 한때 중국의 불교성지를 두루 참배하고 명승지를 구경하였는데, 한 번은 중국 상해의 큰 공원을 들렀더니 공원 한 쪽 편의 까만 소 한 마리를 많은 사람들이 신기한 듯이 쳐다보고 있었습니다. 스님도 이상한 호기심이 생겨 소 앞에 세워 놓은 게시판을 자세히 보게 되었는데, 그 간판에 적힌 글은 더욱 신기한 것이었습니다.

"지나가는 남녀노소 여러분들이여, 이 소의 배를 보십시요……."

　이렇게 시작하여 장광설(長廣舌)을 늘어놓았는데 그 내용은
이러했습니다.

　상해 근처에 큰 부자가 한 사람 있었습니다. 그 사람은 어떤 이
유 때문에 죽마고우(竹馬故友)인 왕중주(王中主)에게 자신의 재
산을 관리해 주도록 부탁하고 상당한 대우를 해 주었습니다. 그
리고 왕중주에게 등기서류뿐만 아니라 인감도장까지를 모두 맡
겼습니다.

　그러나 왕중주는 친구의 은혜로운 부탁을 등지고 합법적으로
모든 재산을 가로챘습니다. 하늘처럼 믿었던 친구가 자기 재산을
교묘하게 사취(邪取)한 것을 알게 된 부자는 분한 마음을 이길
수 없었지만 어찌할 도리가 없었습니다.

　재산을 다 빼앗기고 거지가 되다시피한 그는 조금 남은 패물을
팔아 시골에 내려가서 농사를 짓게 됐습니다. 그리고 논과 밭을
갈 암소를 한 마리 사서 길렀습니다. 몇 해가 지나자 암소가 새끼
를 낳았는데, 그 새끼 배에 글씨가 몇 자 새겨진 흔적이 있었습니
다. 자세히 보니 자기를 배신했던 철천지원수(徹天之怨讐) 왕중
주의 이름 석 자였습니다. 이상한 생각이 들어 알아본 결과, 왕중
주가 얼마 전에 죽었다는 사실을 알게 되었습니다. 원한으로 가
득 차 있던 그는 생각했습니다.

　"그 원수가 죄값을 치루려고 내 집에 태어난 것이구나……. 이
놈! 잘 만났다. 사람이 죽을려면 3년 전부터 환장한다는 말은 있
다만, 너처럼 환장한 놈은 일찍이 보지 못하였다. 네가 죽어 이제

빚을 갚으러 온 모양이다만, 송아지로 내 집에 태어난 것만으로
나의 분하고 원통한 빚을 다 갚는다고 생각하면 큰 잘못이다. 이
제부터 네 놈에게 원수를 갚을 터이니 견뎌 보아라.”

이렇게 다짐을 한 그는 아주 모질고 기이한 방법을 생각해 냈
습니다. 그는 왕중주의 후신인 송아지를 가두어 놓고 끼니 때마
다 먹을 것을 주었습니다. 그러나 밤중이 되면 촛불을 밝혀 놓고
시퍼렇게 간 칼을 들고 우리 안으로 들어가는 것이었습니다. 그
리고 매여 있는 송아지 목에 큰 칼을 들이대고는 살기 띤 음성으
로 속삭였습니다.

“네 이 놈! 왕중주. 이 나쁜 놈! 사람의 탈을 쓰고 어찌 그런
짓을 할 수 있었더냐? 네 놈이 이리와 같은 놈이었으니 그런 짓
을 했겠지. 이 나쁜 놈! 내 너를 지금 당장은 죽이지 않는다. 조
금 더 키워서 잡되 그것도 단번에 죽이지는 않을 것이다. 네 놈
앞에 숯불을 피워 놓고 시퍼렇게 칼을 갈아 하루에 살 한 점씩만
베어낸 다음, 네 놈이 보는 앞에서 구워 술안주로 삼을 것이다.
네 이 놈! 단단히 들어 두어라.”

그는 이 일을 매일같이 계속하였습니다. 그러자 왕중주의 이름
이 새겨진 송아지는 뼈쩍 마르기만 할 뿐 자라지를 못하는 것이
었습니다.

그렇게 한 동안을 지내고 있는데, 하루는 왕중주의 아들이 느
닷없이 찾아와서 마당 한가운데에 넙적 엎드려 사정을 하는 것이
었습니다.

“어르신네, 제발 널리 용서해 주시옵고 우리 아버지를 살려 주

십시오. 재산을 돌려드림은 물론 모든 것을 영감님 뜻대로 하겠습니다. 부디 아버지만 살려 주십시오."

아들은 수없이 절을 하면서 간청했습니다.

"나는 지금 꼭 돈만 가지고 그러는 것이 아니다. 너의 아버지 소행이 너무나 괘씸하고 분함을 참을 수 없어서 그러는 것이다. 그러나저러나 너는 어찌된 일이냐? 어떻게 이 사연을 알게 되었느냐?"

"저희 선친이 어르신네의 은공을 저버리고 사취한 것을 저도 어느 정도 짐작은 했사오나 자세히는 모르고 지냈습니다. 그런데 여러 달 전부터 어머니와 저의 꿈에 선친께서 자주 나타나시어 그 동안 지은 죄를 자세히 말씀하셨습니다.

그리고 어르신네 집의 소로 태어나 죄 값을 갚으려 하지만, 그 죄가 워낙 크기 때문에 소의 몸을 버리고 나더라도 다시 무서운 지옥으로 떨어져야 한다고 하셨습니다. 뿐만 아니라 지금 당장의 괴로움도 괴로움이거니와 재산을 어서 돌려드려야만 당신의 죄를 벗을 수 있다고 하셨습니다.

살아생전에 자세한 내용을 말씀하지 않으신 것은 당신이 떳떳하지 못한 행동을 가족들이 아는 것을 부끄러워했기 때문이었고, 그 내용을 알면 저희들이 떳떳한 마음으로 세상을 살 수 없을 것이라는 생각에서였다는 것입니다. 그리고 어르신네께서 계신 이 곳을 꿈속에서 일러주셨습니다.

이제 저희가 모든 재산 문서를 이렇게 가지고 와서 사죄를 드리오니, 널리 용서하시옵소서. 부디 이것을 거두어 주시고 저희

아버지를 돌려 주시기만 하면, 그 은혜 백 번 죽어도 잊지 않을
것이옵니다."

그는 지극정성으로 간청하는 아들의 효심에 감동하여 재산을
되돌려받고 송아지를 내어 주었습니다.

왕중주의 아들은 아버지 후신인 송아지를 데리고 가서 음식도
잘 대접하고 각별히 보살폈습니다. 그 소가 자란 다음에는 공원
에다 좋은 우리를 지어 놓고 아침 저녁으로 정성껏 여물을 쑤어
대접하면서, 오고가는 만 천하 사람들이 이 소를 보고 경각심을
일으켜서 인과를 믿고 선행을 닦으라는 뜻으로 사연을 쓴 안내판
을 만들어 놓았던 것입니다.

아들 삼형제의 죽음

옛날 활을 잘 쏘는 무사가 총명하고 용모가 반듯한 아들 3형제를 두고 행복하게 살았습니다. 그런데 그토록 늠름하고 사랑스럽던 아들 3형제가 한꺼번에 죽어버렸습니다. 너무나 갑작스런 아이들의 죽음 앞에 넋이 나간 무사는 며칠을 목놓아 울다가 그만 미쳐버리고 말았습니다.

"사랑하는 내 아들아, 어디로 갔느냐? 하늘로 솟았느냐, 땅으로 꺼졌느냐? 도대체 어느 놈이 내 아들을 잡아갔단 말이냐?"

옷을 풀어 헤치고 머리를 봉두난발로 한 채 무사는 아무나 붙잡고 아이들의 이름을 불러댔지만, 모두가 "미친 놈"이라며 슬금슬금 피할 뿐이었습니다.

그때 누군가가 툭 쏘듯이 말을 던졌습니다.

"염라대왕한테 가서 물어보슈."

"그렇다. 염라대왕한테 가서 따져야겠다."

그리고는 염라대왕을 찾아 팔도를 다 돌아다녔습니다. 그러나 염라대왕은 보일 까닭이 없었습니다. 그러던 어느 날, 그는 음산하고 깊은 골짜기에 다다랐습니다.

'이곳이야말로 염라대왕이 살만한 곳이다.'

이렇게 생각하며 골짜기를 따라 깊은 산 속으로 들어가니 '염라대왕 집으로 가는 길'이라고 써 놓은 팻말이 보였습니다.

"지성이면 감천이라더니, 오늘에사 찾았구나. 여봐라. 문 열어라. 염라대왕 어디 있느냐?"

문 앞에서 소리를 지르니 사천왕처럼 우락부락하게 생긴 사람이 나타나 턱 버티고 서서 말했습니다.

"감히 어떤 놈이 이곳에서 소란을 피우느냐?"

그리고는 매가 개구리를 채듯 한 손으로 뒷덜미를 나꿔채더니 차갑고 어둠침침한 방 안으로 냅다 집어 던졌습니다.

"아이쿠!"

어둡고 차가운 방에 엎어져 정신을 가다듬고 있는데, 아이들이 깔깔거리며 웃는 소리와 소근대는 말소리가 들려왔습니다.

"참, 어리석네, 어리석어. 아직도 정신을 못 차린 모양인데, 한번 더 고생을 시켜볼까?"

가만히 귀를 기울여 보니 바로 윗방에서 나는 소리로 자기 아이들의 목소리가 틀림없었습니다. 너무나 다급한 김에 발로 벽을 쾅쾅 치며 아이들 이름을 부르다가, 방 윗쪽에 난 자그마한 창문으로 넘어가려고 하는데 어린 아이들이 창문을 통해 바닥으로 떨어지는 것이었습니다.

"이제야 찾았구나. 나의 귀여운 새끼들! 거기 꼼짝말고 있어라."

크게 기뻐하며 엎어져 있는 세 아이 위로 와락 달려드는데 얼핏 그들의 등에 뭔가가 박혀 있는 것이 보였습니다. 자세히 보니 그것은 화살이었습니다. 언젠가 기러기 사냥을 나갔다가 날아가는 기러기 떼를 향해 활시위를 당겼고, 그 때 세 마리의 기러기를 한데 꿰어 떨어뜨린 바로 그 화살이었습니다.

'이 화살이 왜 아이들 등에 꽂혀 있는 것일까?'

이렇게 생각하는 순간, 세 아들의 모습은 사라지고 하나의 화살에 몸을 꿰고 처참히 죽어 있는 기러기 세 마리만 보이는 것이었습니다.

순간 그의 머리는 벼락이 치는 듯했습니다.

"아! 우리 아들들이 그때 잡은 기러기 세 마리였구나. 그토록 효성을 다하던 놈들이 일찍 죽어 나의 가슴을 찢어놓더니……. 이것이 원수갚음이었을 줄이야."

그는 비로소 삶의 진리를 깨닫고 이후 어떠한 경우에도 살생을 하지 않았다고 합니다.

버섯이 되어 시주의 은혜를

　전등 제15조 가나제바(迦那提婆) 존자가 가비라국에 이르렀을 때 대부호인 범마정덕(梵摩淨德) 장자의 초대를 받아 그의 집으로 갔습니다.

　장자의 집 뒤쪽에는 울창한 숲으로 둘러싸인 넓은 정원이 있었으며, 그 곳에 큰 둥구나무가 한 그루 서 있었습니다. 그리고 둥구나무에는 마치 사람의 귀처럼 생긴 버섯이 자라고 있었는데, 모양도 좋을 뿐더러 부들부들한 것이 요리를 해서 먹으면 고기의 맛이 났습니다.

　그런데 이상하게도 다른 사람의 눈에는 보이지 않고 장자의 눈에만 보여, 입맛이 없을 때면 그 버섯을 따다 먹곤 하였습니다. 장자는 가나제바 존자에게 물었습니다.

　"도대체 무슨 버섯인지 알 수가 없습니다."

　"과거에 그대가 공부하는 스님에게 공양을 대어 준 적이 있었

는데, 그 스님은 도를 통하지 못하고 죽었습니다. 그러나 인과
(因果)를 분명히 아는 진실한 수도승이었기 때문에, 죽어서 버섯
이 되어 그 빚을 갚고 있는 것입니다. 장자의 나이가 지금 팔십이
니, 내년이면 끝이 날 것이오."

그리고는 게송을 읊었습니다.

> 도에 들어와 진리를 통하지 못하면
> 그 몸으로 신심있는 이의 시주를 갚게 되네
> 그대 나이 여든 하나가 되면
> 그 나무에 귀가 나지 아니할 것이리

> 入道不通理
> 復身還信施
> 汝年八十一
> 其樹不生耳

장자는 그 게송을 듣고 발심하여 나무에게로 가서 '이제는 그
만 나시오' 하며 정성껏 절을 하였고, 자기의 둘째 아들을 출가시
켰습니다.

인과를 분명히 알아서 기꺼이 갚을 줄 아는 삶, 그리고 시주의
은혜를 생각하며 용맹정진할 것을 깨우친 고사입니다.

소가 된 스님

옛날 한 스님은 신도가 주는 시주물을 너무 많이 받았습니다. 이를 안타깝게 여긴 도반스님이 간곡히 충고했습니다.

"신도의 시주물건은 녹이기가 어려운 법이라네. 그렇게 많이 받아 어떻게 다 녹이려고 하는가?"

그러나 그 스님은 언제나 능히 소화시킬 수 있다며 "능소(能消)"라고 대답하였습니다. 후에 그 스님은 죽어서 소로 태어났습니다. 도반스님이 그 사실을 알고 소를 찾아가서 물었습니다.

"이래도 네가 능소냐?"

"능소, 능소."

"중이 성불하면 들판에는 한 마리의 송아지도 없을 것이다(釋者皆成佛 野無一犢子)"는 옛말이 있습니다. 그러므로 옛스승들이 신도의 물건을 받을 때는 화살을 받듯 하고, 음식을 먹으러 갈 때는 독약을 먹으러 가는 것처럼 생각하라고 하였던 것입니다.

도를 이루어 부처가 되느냐, 소가 되어 빚을 갚느냐 하는 것은 시주의 은혜를 어떠한 마음가짐으로 수용하느냐에 달려 있습니다. 한마음 곧게 세워 올바로 소화시키도록 합시다.

구렁이가 된 화주승

시주받은 재물을 함부로 하는 과보는 무섭습니다. 특히 불교의 인연설화 중에는 화주승(化主僧)으로서 탐욕을 일으켜 시주의 돈을 착복하고, 죽어 뱀이 된 실례가 많이 전해지고 있습니다.

옛날 한 노스님이 사미를 데리고 가다가 다리를 건너게 되었는데, 다리로 건너지 않고 물로 건너가는 것이었습니다. 이를 이상히 여긴 사미가 여쭈었습니다.

"왜 스님께서는 편안한 다리를 버려 두고 힘들게 물 속으로 가십니까?"

"너는 모를 것이다. 이 다리를 놓을 때 내가 화주에게 재물을 맡겼더니, 화주승은 재물의 반 이상을 착복하고 다리를 대강 놓았다. 그 과보로 인해 대망이가 된 화주승이 여기 살고 있느니, 보고 싶으면 나를 따라오너라."

사미가 노스님을 따라 다리 밑에 이르렀는데, 스님께서 《능엄경》한 편을 독송하자 큰 구렁이가 다리 밑으로 기어 나왔고, 그 뒤를 따라 여러 마리의 작은 뱀들이 기어 나왔습니다.

"저 작은 뱀들은 어찌된 것입니까?"

"재목을 운반할 때 중간에서 도둑질한 일꾼들이다. 만약 저 무리들을 천도하려 하면 냇가에서 수륙재(水陸齋)를 베풀고 뱀들을 화장해 주면 된다."

"제가 그 일을 맡겠습니다."

사미가 3일 동안 정성껏 수륙재를 베풀자, 기어 나온 수십 마리의 뱀과 구렁이가 독경소리를 들으며 치솟는 장작불 속으로 기어 올라가 꼿꼿이 서서 죽었습니다.

"만약 천당이나 극락이 있다면 선인이 갈 것이요, 지옥이 있다면 욕심 많은 소인들이 갈 것이다."

이 장면을 목격한 마을 사람들은 모두 감탄하고 발심을 했다고 합니다.

사중의 직책을 맡은 스님들은 사중의 재물을 함부로 쓰는 일을 저질러서는 안됩니다. 인과응보의 지엄한 법칙을 생각해서라도 헛된 것에 눈을 돌리는 일이 없도록 해야 할 것입니다.

탐심의 결과는 먹구렁이

옛날 강원도 금강산 발연사(鉢淵寺)에서 있었던 일입니다.

발연사의 많은 대중스님들 중에서도 지상(智相)과 계인(戒忍) 두 스님은 특히 다정한 도반으로 지냈습니다.

어느 날 지상스님은 잠시 발연사로 들러 하룻밤을 쉬어가게 된 객스님으로부터 모감주 백팔염주 한 벌을 얻게 되었습니다. 이 모감주는 새까맣게 윤기가 흘러 보는 이마다 탐을 내는 아름다운 염주였습니다. 지상스님 역시 그것을 애지중지하여 아무도 만지지 못하게 하였고, 항상 목에 걸고 다녔습니다.

절친한 도반인 계인스님은 그 염주가 너무나 탐이 났습니다.

어느 해 봄날, 계인스님은 지상스님에게 뒷산으로 소풍이나 가자고 했습니다. 그들은 금강산의 어느 험준한 봉우리로 올라가 천길 발아래를 굽어보며 쉬고 있었습니다. 그 때 계인스님이 나즈막한 음성으로 지상스님을 불렀습니다.

"지상스님, 그 염주 구경이나 좀 해보세 그려."

"밤낮 옆에서 보던 염주를 새삼스레 뭣하려고?"

"한번 만져보고 싶어서 그런다네."

"그럼 한번만 만져보고 돌려주게나."

지상스님이 목에 걸었던 염주를 벗어주자 계인스님은 한참을 만져보더니 탐욕에 가득한 눈빛을 띠며 말했습니다.

"참으로 곱게도 생긴 염주구먼. 이 염주 나에게 줄 수 없을까?"

"농담 말게. 내가 얼마나 아끼고 있는지는 스님이 더 잘 알고 있지 않나. 다른 것은 줄 수 있어도 이 염주만은 안되네."

"정말 줄 수 없다는 게지?"

별안간 계인스님은 고함을 치더니 지상스님을 발로 차서 낭떠러지 밑으로 떨어뜨려 버렸습니다. 그리고는 뒤도 돌아보지 않고 발연사로 내려와서 바랑을 챙겨 어디론가 떠나고 말았습니다.

한편, 비명과 함께 절벽 아래로 떨어진 지상스님은 불행 중 다행으로 절벽 중간 바위틈에 자라난 큰 소나무가지에 얹혀지게 되었습니다.

얼마쯤 지난 뒤 정신을 차렸으나 혼자 힘으로는 도저히 절벽 위로 올라 갈 수가 없었습니다. 지상스님은 지성껏 '관세음보살'을 불렀습니다. 그런데 비몽사몽간에 웬 노장스님 한 분이 나타났습니다.

"이 보시오, 젊은 스님. 염주 한 벌에 대한 애착 때문에 목숨을 잃을뻔 하였다니……. 탐착이란 그렇게 무서운 것이라오.

나는 20년 전 발연사 중창을 위한 화주승(化主僧) 노릇을 하였
는데, 받은 시주돈을 쓰기가 아까워서 독에 담아 누각 밑에 감추
어 놓았었소. 이제 그 과보로 큰 구렁이 몸을 받아 어둡고 침침한
이 낭떠러지 밑에서 살고 있다오. 내가 젊은 스님을 구해 줄테니,
부디 숨겨 놓은 재물을 찾아서 나 대신 불사(佛事)를 이룩하여
주시오. 그렇게 하면 나는 이 흉칙한 몸을 벗어버릴 수 있게 됩니
다."

지상스님이 꿈에서 깨어나 주위를 살펴보니 낭떠러지 밑에서
시커먼 먹구렁이 한마리가 기어 올라와 지상스님에게 타라는 듯
이 등을 내미는 것이었습니다. 살겠다는 일념으로 무서움도 잊고
구렁이 몸에 올라타자, 구렁이는 스님이 떨어지지 않게 꼬리로
몸을 감싸고 슬금슬금 기어서 산봉우리로 위로 올라가 스님을 내
려놓는 것이었습니다.

지상스님은 구렁이에게 보은의 절을 하며 약속을 꼭 지킬 것을
맹세하고 발연사로 돌아왔습니다. 그리고 꿈에서 일러준 누각 밑
의 땅을 파자 독이 묻혀 있었고, 그 독 속에는 방함록과 함께 엽
전 수백냥이 노끈에 꿰어져 또아리를 틀고 있는 구렁이처럼 들어
있었습니다.

지상스님은 모든 사연을 대중스님들께 밝히고, 그 돈으로 발연
사를 중창하여 낙성회향식(落成廻向式)을 올렸습니다. 그리고 먹
구렁이를 천도하기 위해 지장기도를 올렸습니다.

그랬더니 먹구렁이는 다시 노장스님의 모습으로 지상스님의
꿈에 나타나 치하를 하였습니다.

"나는 스님의 덕택으로 구렁이의 몸을 벗고 천상으로 올라갑
니다."

또한 모감주 염주를 탐내어 죄를 짓고 달아났던 계인스님도 이
소문을 듣고 지상스님을 찾아왔습니다. 그리고 염주를 돌려주며
지난 일을 참회하고 사죄하였습니다.

"이 염주 때문에 나는 죽을 뻔하였고 계인스님은 죄를 짓게 된
것일세."

지상스님은 염주를 불 속으로 던져버렸습니다.

아들의 양식을 퍼주고 돼지가 된 어머니

　당나라 고종(高宗) 용삭(龍朔) 원년(661)에 노주(潞州) 지방의 관리로 있던 이교위(李校尉)는 회주(懷州)로 공무를 띠고 가게 되었습니다. 그가 회주에 막 도착하였을 때 네 다리가 꽁꽁 묶인 채 곧 먹을 따서 죽기 직전에 이르른 돼지 한 마리를 만났습니다.

　그런데 이 돼지가 이교위를 쳐다보는 순간 곧 말을 하는 것이었습니다. 그 말은 이교위와 그 돼지 사이에만 이심전심으로 통하는 말이었습니다.

　"너는 내 딸의 아들이니 나의 외손자이고, 나는 너의 외할머니이다. 본래 너의 집이 아주 가난한 처지였으므로 너의 어머니가 여러 번 나에게 찾아와서 양식을 구하였단다. 큰 아들은 양식을 주는 것을 허락하지 않았지만, 너희 모자가 너무나 가련하여 아들과 며느리 몰래 쌀 닷 되를 퍼서 주었었지. 그런데 그 죄로 내

180

가 돼지의 몸을 받아 이제 빚을 갚게 되었구나. 네가 나를 구하여
줄 수는 없겠느냐?"

그 말을 들은 이교위가 돈을 주고 돼지를 사서 풀어 놓았더니,
돼지는 제 발로 가까운 절에 있는 방생소(放生所)로 달려갔습니
다. 이교위는 그 절의 스님께 돼지를 돌보아 줄 것을 단단히 부탁
해 놓고 공무를 마친 다음 집으로 달려가서 어머니에게 이 일을
알렸습니다.

이교위 어머니는 믿을 수도 없고 믿지 않을 수도 없는 아들의
이야기를 듣고 반신반의의 상태에서 달려가 돼지를 보고는 눈물
을 흘리며 뉘우쳤고, 그 뒤 전생의 어머니였던 돼지에게 먹을 것
을 열성으로 공급했다고 합니다. 그 돼지는 그로부터 3년 뒤인
인덕(麟德) 원년(664)까지 살았다는 기록이 전하여지고 있습니
다.

이는 그 집안의 재산이 가장인 아들의 것이었는데, 어머니가
자식의 재물을 몰래 빼냄으로써 죄를 짓게 되어 돼지의 과보를
받게 되었다는 이야기입니다.

또 수나라 때 기주(冀州)에 살았던 경복생(耿伏生)의 어머니
장씨(張氏)는 남편 몰래 비단 2필을 딸에게 준 과보로 죽은 뒤
돼지가 되었다가 이교위의 경우와 유사하게 실증된 바가 있습니
다.

이 두 가지 이야기는《법원주림 法苑珠林》이란 책에 기록되어
있습니다.

독사가 된 노파

일제강점기 때의 일입니다. 경상북도 달성군 가창면의 어느 마을에 이씨(李氏) 성을 가진 부자가 살고 있었습니다.

그의 집 뜰에는 80여 그루의 감나무가 있었는데, 그의 어머니는 매우 인색하여 감이 물러터져 저절로 떨어진 것조차 누구도 손을 대지 못하도록 밤낮을 지켰습니다. 뿐만 아니라 돈이 생겨도 아들이 관여하지 못하게 하였습니다. 이에 마을 사람들은 '독사보다 더 독한 노파'라고 수군거렸습니다.

그 뒤 노파가 죽자, 마땅한 묘자리를 찾지 못한 아들은 어머니의 시신을 우선 감나무 밑에 가매장했습니다.

3개월이 지난 어느 날, 며느리가 밥을 하려고 쌀독을 열자 한 자 가량 되는 뱀이 노려보고 있었습니다. 놀란 며느리는 황망히 뱀을 쫓아내고 쌀을 꺼내 밥을 지었습니다. 그리고 마련된 빈소에 밥을 올렸는데, 조금 전 쌀독에 들었던 뱀이 혼백상자에 들어가 있는 것이었습니다. 이 말을 듣고 이부자는 상식(上食)을 올린 다음 감나무 밑의 묘소를 살펴보았습니다. 묘소에는 구멍이 뚫려 있었고 때마침 뱀이 그 속으로 들어가는 것이었습니다.

"궂은 혼령도 팔도 구경을 하면 좋은 곳에 간다"는 말을 익히 들었던 이부자는 여행을 통해 어머니를 천도하고자 하였습니다. 이부자는 깨끗한 상자를 마련하여 어머니의 묘소로 갔습니다.

"어머님, 뱀이 되었거든 이 상자 속으로 들어가십시요."

그러자 구멍에서 뱀이 나와 상자 속으로 들어갔습니다. 이부자는 상자를 들고 팔도강산을 유람하다가 금강산 유점사에 이르렀고, 스님의 권유에 따라 49재를 지내주자 뱀은 마침내 그 상자 속에서 죽었습니다. 그날 밤 아들 꿈에 어머니가 나타났습니다.

"살아서 좋은 일은 하지 않고 욕심만 부리다가 뱀의 몸을 받았구나. 너의 지극한 효성과 재(齋)를 지낸 공덕으로 부처님이 '가자' 하여 좋은 곳에 태어나니, 이제 염려하지 말아라."

비로소 어머니가 천도되었음을 알게 된 이부자는 그 뒤 불사와 선행을 닦으며 여생을 보냈다고 합니다.

강아지가 되어 인과를 깨우쳐 준 어머니

　경상북도 금릉군(金陵郡) 옴팍마을에 김갑용(金甲龍)이란 사람이 살고 있었습니다. 그는 편모 슬하에 자란 5남매 중 장남으로서, 3명의 누이동생은 출가시켰고 남동생 한 명과 머슴 하나, 아내와 수 명의 자녀를 거느리고 농사를 지으며 단란하게 농부로 살고 있었습니다.

　그는 또한 효심이 출중하여 어머니를 정성껏 모시며 살았는데, 갑진년(甲辰年)인 1904년 봄에 갑자기 어머니가 돌아가셔서 비통한 마음으로 장례를 마쳤습니다.

　그로부터 얼마 안 있어 집에서 기르고 있던 암캐가 새끼를 배어 강아지 4마리를 낳게 되었습니다. 그 가운데 유독 한 마리는 아주 잘생겨서 보는 사람들이 모두 귀여워해 주었으며, 강아지도 집안 사람을 특별히 반겨 따르는 것이었습니다.

　어느 날 이웃에 사는 친구가 놀러 왔다가 그 강아지를 보고는 혼자 중얼거렸습니다.

"그 놈 복실복실한 게 참 잘 생겼다. 그리고 아주 영리하게 생겼으니 귀를 째어 곧게 세워서 팔면 돈을 많이 받겠는데."

그 말을 들은 갑용은 귀가 솔깃하여 강아지의 귀를 세워 줄 것을 친구에게 부탁했습니다. 그러자 강아지는 갑자기 '깽! 깽!' 하고 소리를 지르며 멀리 도망쳐 버렸고, 애써 찾으려 하였지만 잡을 수가 없었습니다.

그런데 그날 밤 갑용의 꿈에 돌아가신 어머니가 나타나서 크게 꾸짖는 것이었습니다.

"네 이 놈! 그렇게도 깜깜절벽이냐? 네가 귀를 째려고 했던 그 강아지가 네 에미였던 바로 나다. 전생에 너에게 빚진 것이 있어 네 집의 강아지로 태어나게 되었거늘…….

너는 살림이 그런대로 지낼 만해서 내가 늘 다행으로 여겨왔고 고맙게 생각했지만, 출가한 네 누이동생들은 남편을 잘못 만나 모두 집안이 가난했고, 또 조석을 거르는 일이 허다하지 않았더냐? 그 꼴이 너무 딱해서 평소에 너 몰래 쌀이랑 옷감 등을 빼내 주었었다.

그런데 죽은 뒤에 보니 그것이 큰 빚을 진 것이 되어 너희 집 도둑을 지키는 개로 태어나게 된 것이다. 그런데 이제 에미의 귀까지 째어 비싼 값에 팔겠다고 하니, 이렇게 한심하고 기가 막히는 일이 또 어디 있단 말이냐!"

갑용은 다음 날 아침 아내에게 꿈이야기를 했습니다. 그런데 아내의 말을 듣고 더욱 놀라게 되었습니다. 아내의 꿈에도 역시

시어머니가 나타나 역력하게 말을 했다는 것이었습니다.

"아가야, 네 남편이 아무 것도 모르고 이 에미의 귀를 째려 하고 있으니, 제발 말을 잘 해서 그런 일이 없도록 해 주기 바란다."

그들 내외는 꿈이 너무나 신기할 뿐 아니라, 사람이 죽어서 짐승이 되고 짐승이 죽어서 사람이 된다는 육도윤회(六道輪廻)에 대해 어려서부터 어머니에게 익히 들은 바가 있었으므로 그냥 넘길 수 없었고, 그 날부터 강아지는 특별한 대우를 받게 되었습니다. 그 때만 해도 부잣집이 아니고서는 먹기 어려운 쌀밥에다 고깃국을 끓여서 마루 위에 차려 놓고 강아지를 불렀습니다.

"오요, 오요."

갑용은 다정하게 불렀지만 강아지는 눈을 멀거니 뜨고 쳐다만 볼 뿐, 밥 그릇이 있는 곳으로 올 생각을 하지 않았습니다. 갑용이 내외는 이상하게 생각하면서 들일을 나갔습니다. 들일을 마치고 집으로 돌아와 잠을 자는데, 어머니가 또 꿈에 나타났습니다.

"내가 네 에미라고 그렇게 타일렀는데, '오요, 오요'가 무엇이냐? 너는 에미를 강아지로밖에 보지 못한단 말이냐? 또 한 번 그런 짓을 하면 너의 집에 풍파가 생길 것이니 단단히 명심해라."

이 말을 들은 갑용은 꿈속에서 너무 황송함을 느끼고 잘못을 뉘우쳤습니다. 그 이튿날, 밥을 차려 놓고 강아지에게 어머니가 살아 있을 때와 같이 말했습니다.

"어머님, 저희들이 잘못했습니다. 아무쪼록 노여움을 푸시고 잡수십시오. 다시는 그런 일이 없을 것이옵니다."

　갑용의 진심에서 우러나온 말을 듣고서야, 강아지는 꼬리를 치고 재롱을 떨며 밥을 맛있게 먹었습니다. 이렇게 사흘이 지난 뒤, 갑용의 꿈에 어머니가 또 나타났습니다.

　"기특하고 고맙다. 과연 너는 내 아들이고 효자다. 그런데 너에게 세 가지 부탁이 있으니 꼭 들어 주기 바란다.

　그 첫번째 소원은 서울에서 부산으로 가는 철도가 생긴 지도 여러 해가 되었지만, 나는 그 동안 너희 5남매를 기르고 너희들을 위해 논 한 마지기라도 더 장만하느라고 한 번도 타 보지 못하였다. 네가 나를 데리고 가서 기차를 한 번 태워 줄 수 없겠느냐?

　두번째 소원은 다름이 아니라, 이웃의 노파와 아래 윗동네 할머니들 중에서 해인사 구경을 하지 않은 이가 없는데, 오직 이 에미만은 살림을 하고 돈을 모으느라 해인사를 가 보지 못하였다. 네가 이 에미를 데리고 합천 해인사로 가서 팔만대장경을 친견할 수 있도록 해 주면 한이 없겠구나.

　끝으로 하나 더 부탁할 것은 내가 죽게 되면 사람과 꼭 같이 49재를 지내주기 바란다. 그렇게 하면 내가 전생에 너의 재물을 몰래 훔친 죄가 소멸되어 극락세계에 왕생할 수 있을 것이다. 그리고 이 에미의 소상날이 얼마 남지 않았는데, 그 날은 절에서 제사를 지내다오. 그래야 내가 죄를 사함을 얻어 좋은 세상에 태어나게 될 것이다."

　비록 꿈 속에서의 부탁이었지만 그 동안 있었던 여러 번의 증험으로 볼 때 어머니의 간곡한 당부를 실천하지 않을 수가 없었습니다.

갑용은 그 이튿날 강아지를 안고 김천역으로 나갔습니다. 영동 가는 기차표를 산 뒤 기차를 타기 위해 기다리고 있을 때, 철도역 직원이 다가와서 말했습니다.

"열차에는 개를 태울 수 없으니 돌아가시오."

"사정이 있어 영동까지만 꼭 가야 합니다."

이렇게 옥신각신하는 사이에 기차가 와서 정차하였고, 강아지 는 쏜살같이 기차 안으로 뛰어들어가 의자에도 앉아보고 사방을 두루 살펴본 다음, 기차가 떠나려 하자 깡충 뛰어 내려왔습니다. 갑용은 승무원 때문에 하는 수 없이 강아지를 데리고 집으로 돌 아왔는데, 강아지는 오히려 아주 좋아하는 모습이었습니다.

며칠 뒤 갑용은 강아지와 함께 합천 해인사로 갔습니다. 해인 사 경내에 들어서자 강아지는 여기저기를 둘러보면서 깡충깡충 뛰며 기뻐하였고, 큰 법당 작은 법당을 두루 데리고 다니자 문 밖 에서 넙적 엎드리며 참배를 하는 것이었습니다. 이윽고 팔만대장 경판을 모신 장경각에 이르렀는데, 장경각을 지키고 있던 스님이 엄중하게 힐책하며 제지했습니다.

"사람이나 들어가지, 짐승은 절대 들어갈 수 없소."

갑용은 조금만 둘러보도록 허락해 줄 것을 사정했고, 스님은 엄한 규정이 있어 마음대로 할 수 없다며 서로 승강이를 벌이게 되었습니다.

마침 장경각 안에 있던 사람이 나오기 위해 문을 조금 여는 찰 나, 강아지는 날쌔게 장경각 안으로 들어가 버렸습니다. 그 스님 은 당황하여 급히 강아지를 잡으러 들어갔고, 갑용도 곧 뒤따라

갔습니다. 그러나 강아지는 날쌔게 요리조리 빠져 다니며, 대장
경판을 모두 구경하는 것이었습니다. 그 때 옆에서 그 광경을 지
켜 보고 있던 정홍원 스님이 갑용에게 나무라듯이 물었습니다.

"차림새로 보아하니 당신은 상주임에 틀림없는데, 강아지를
데리고 다니는 것이 예법에 어긋난다는 것을 모르시오? 신성한
도량에 개를 데리고 들어온 것도 허물이 되거늘 장경각에까지 들
어갔으니, 어떻게 그런 짓을 상주가 된 몸으로 할 수 있단 말이
오?"

갑용은 할 수 없이 전후 사정 이야기를 하고 스님께 시주금을
드리며 간청했습니다.

"내일이 제 어머니 소상날이온데, 어머니 말씀을 따라 절에서
재를 모시고자 하옵니다. 어머니를 왕생극락하게 해주십시오."

정홍원 스님이 사중에 이 일을 이야기하자, 여러 스님들이 갑
용의 효성을 칭찬하고 함께 참여하여 천도재를 잘 올려 주었습니
다. 그러자 강아지는 그 날 밤 절마루 밑에서 자다가 그대로 죽어
서 아들 갑용의 꿈에 나타났습니다.

"어미의 당부를 잘 들어 준 너의 효성과 여러 스님들께서 축원
을 해 주신 공덕으로 이제 축생의 과보를 벗게 되었으니 기쁘기
그지없다. 버리고 간 나의 몸을 잘 화장해 주면 또한 고맙겠다."

또한 천도재를 지내 준 스님들에게도 현몽을 하였습니다.

"여러 스님네들께서 천도해 주신 덕택으로 천상락(天上樂)을
받게 되었으니 그 은혜 갚을 길이 없사옵니다. 참으로 감사합니
다. 그리고 저의 몸을 마루 밑에 버려 두고 가오니 화장을 해 주

시오면 더욱 감사하겠습니다."

이튿날, 아들과 대중스님들은 마루 밑에서 강아지의 시체를 거두어 다비식(茶毘式)의 예로써 화장을 하였습니다.

이 이야기는 오늘날에도 해인사에 전해져 오고 있습니다. 아마도 강아지의 영가(靈駕), 곧 갑용의 어머니는 아들의 재물을 몰래 훔쳐 쓴 죄로 금생에 강아지의 몸을 받기는 하였지만, 다생겁 이래로 불법과 깊은 인연을 맺었던 분이었을 것입니다.

이 실화는 아들의 재물과 부모의 재물을 구분하지 않고 함부로 쓴 결과, 그 인과의 지중한 업보를 받게 되었음을 보여 준 것입니다. 따라서 남의 재물을 도둑질한 죄는 미루어 짐작할 수 있을 것입니다. 더욱이 남을 모함하고 위협하여 재물을 빼앗거나, 서로의 믿음을 배반하고 친한 이의 재물을 도둑질 한다면 그 죄는 이루 다 말할 수 없는 것입니다.

금생에 내가 짓는 업이 내생에 내가 받을 보(報)가 되고, 금생에 받고 있는 과보가 다름 아닌 전생의 결산임을 알면 그 누구도 감히 그릇된 행동을 하지 못할 것입니다.

아귀의 몸을 받은 상좌

옛날, 어떤 스님이 사람의 발길이 거의 없는 깊은 산속 암자에서 상좌와 단 둘이 살고 있었습니다. 스님은 마음씨가 너그러운데다 상좌가 너무나 귀여워, 무엇이든 상좌가 하는대로 내버려 두었습니다.

"스님, 이렇게 할까요?"

"오냐. 네 마음대로 하여라."

"스님, 저렇게 할까요?"

"오냐. 네 마음대로 하여라."

어떤 짓을 하든 야단은 커녕 이래도 좋고 저래도 좋다고 하니 상좌의 버르장머리는 점점 더 없어졌습니다. 부처님께 올릴 공양을 준비하다가도 맛있고 좋아 보이는 것이 있으면 훌떡 집어먹어 버리기가 일쑤였습니다.

그날도 상좌는 부처님께 올릴 두부전을 준비하고 있었습니다.

두부를 두툼하게 썰어서 지지다가, 어찌나 맛이 있어 보이는지 한덩이를 집어 입에 넣었습니다. 그때 스님이 불쑥 부엌으로 들어왔습니다. 상좌는 입에 들은 두부를 씹을 수도 없고 뱉을 수도 없어 꿀꺽 삼켜버렸습니다. 그런데 금방 지진 뜨끈뜨끈한 두부를 덩어리째 삼켜버렸으니 속이 상하지 않을 수 없었습니다. 상좌는 그만 병이 들어 얼마동안 앓다가 죽어버렸습니다.

"내가 박복해서 상좌가 먼저 죽었구나."

탄식을 하면서 상좌를 묻은 스님은 바랑을 짊어지고 그 암자를 떠났습니다.

그 후 10여 년 동안 이 절 저 절을 떠돌아다니다가 그 암자 앞을 다시 지나가게 되었습니다. 옛날 생각이 나서 안으로 들어가 보니 절 마당에는 쑥대만 가득하고 암자는 거의 다 허물어져 가고 있었습니다. 그래도 스님은 상좌의 모습이 선하여 눈을 지그시 감고 상좌의 이름을 한번 불러보았습니다.

"어험, 아무개 있느냐?"

"예, 스님 이제 오십니까?"

머리 끝이 쭈뼛해진 스님이 눈을 뜨고 보니, 틀림없는 상좌가 가사자락을 붙들고 서 있는 것이었습니다.

"아이고 스님. 어디 갔다 이제 오십니까? 제가 스님을 얼마나 기다린 줄 아십니까? 어서 방으로 드십시요. 얼른 점심 진지상을 대령하겠습니다."

상좌의 손에 끌려 방으로 들어간 스님은 잠시 후, 방안을 둘러보다 정신이 퍼뜩 들었습니다. 10년 먼지가 뽀얗게 쌓여 있었기 때문입니다. 그래서 부엌으로 나가 안을 훔쳐보았습니다.

　상좌는 키득키득 웃으며 부엌 안을 왔다갔다하더니 녹이 벌겋게 슨 솥뚜껑을 열어 입을 딱 벌리고 '으아아악' 하며 소리쳤습니다. 그러자 상좌의 입에서 그동안 훔쳐먹었던 것들이 와락 쏟아져 나왔습니다. 그것들이 솥에 가득 차자 뚜껑을 덮고는 아궁이 앞에 쭈그려 앉아 입김을 확 부니 뻘건 불이 나와 금방 부글부글 끓기 시작했습니다.

　매우 놀란 스님은 숨을 죽이고 더욱 가까이 다가가 귀를 기울였습니다. 이번에는 상좌의 목소리가 들려왔습니다.

　"이것 한 그릇 먹으면 제놈이 안 죽고 배겨?"

　"아하, 내가 아귀(餓鬼) 귀신에게 끌려 들어왔구나."

　스님은 바랑을 챙길 여가도 없이 '걸음아 날 살려라' 하고 냅다 뛰었습니다. 부엌에서 나온 상좌는 스님이 없어진 것을 알고 뒤를 쫓았습니다. 스님이 얼마쯤 달아나다 뒤를 돌아보니 머리가 시뻘건 아귀귀신이 뒷덜미를 잡을락말락 쫓아오고 있었습니다. 간신히 산문 밖으로 나오니, 아귀귀신은 자기의 사는 영역 밖이라 더이상 따라오지 못하고 문앞에 주저앉아 통곡을 하며 사정을 하는 것이었습니다.

　"스님, 스님. 저는 여기서 한 발짝도 더 나갈 수가 없습니다. 나갔다가는 다른 아귀들에게 맞아 죽습니다. 제발 제 말 좀 들어주십시오."

　"말해 보아라."

　"제가 이렇게 아귀귀신이 된 것은 다 스님 때문입니다. 애시당

초 스님께서는 저를 야단쳐서 가르치시지는 않고 이래도 좋고 저래도 좋다고 하셨습니다. 무엇이든 제 맘대로 하라고 하였기 때문에 죄를 많이 지어 이렇게 아귀가 된 것입니다. 그러니 좋은 도량에 가시거든 저를 위해 천도재를 올려주십시오. 부탁입니다."

"오냐, 알았다. 내가 잘못해서 네가 그렇게 되었으니 네 소원대로 해주겠다. 그러니 삼보(三寶)를 염하고 있거라."

스님은 약속대로 탁발을 하여 공부하는 스님네가 있는 절로 가서 대중들에게 공양을 올리고 상좌를 위해 재를 정성껏 올려 천도를 해주었습니다.

철저한 가르침에 철저한 배움. 이것은 절집안 뿐만 아니라 어느 집단에서나 반드시 지켜져야 할 기본지침입니다. 업(業)을 맺느냐 푸느냐는 나 하기에 달려 있습니다. 사랑을 앞세워 그릇됨까지 감싸주면 그것이 서로에게 불행을 안겨주게 됩니다.

매사에 한 생각을 바르게 가져서, 맺힌 업을 풀고 푼 업을 더욱 원만하게 가꾸어야 할 것입니다.

V
부처님도
순응한
전생업보

말먹이 보리를 드신 부처님

　부처님께서 비란다국(毘蘭多國)의 성문 밖 연목수(練木樹) 밑
에서 살고 계실 때의 일입니다.

　바라문의 출신으로 이 나라의 왕이 된 비란야(毘蘭若)는 어느
날 5백명의 비구를 거느리고 계시는 부처님의 모습을 보고 크나
큰 존경심을 일으켰습니다. 그는 부처님 전에 나아가 설법을 들
은 다음 청을 올렸습니다.

　"부처님이시여, 3개월의 안거(安居) 기간 동안 부처님과 모든
스님들이 먹고 사용할 음식·탕약·의복·침구 등의 모든 것을
제가 공양할 수 있도록 해주십시오."

　부처님께서는 이 청을 응락하셨고, 왕은 매우 기뻐하며 궁으로
돌아와 대신들에게 명을 내렸습니다.

　"이 여름 3개월 동안 매일 열여덟 가지 음식을 장만하여 부처
님과 스님들께 공양토록 하라."

이어서 왕은 백성들에게도 포고령을 내렸습니다.

"어느 누구일지라도 이 여름 3개월 동안은 부처님과 스님들께 공양 올리는 것을 금한다. 이를 어기는 자는 목을 벨 것이다."

그날 밤, 왕은 하얀 차일에 궁성이 뒤덮히는 꿈을 꾸고 깜짝 놀라 잠에서 깨어났습니다. 왕은 침상에 걸터앉아 방금 꾼 이상한 꿈에 대해 골몰했습니다. '죽음을 상징하는 흰색 차일이 궁성을 뒤덮다니? 이 꿈은 불길한 징조임에 틀림없다. 왕위를 잃거나 목숨을 잃는 것을 예언하는 꿈이 아닐까?'

왕은 즉시 평소 존경하던 예언가를 불러 해몽을 부탁했습니다.

'이 꿈은 좋은 징조이다. 그러나 좋다고 해몽하면 왕은 부처님을 더욱 후하게 공양할 것이다. 나쁜 꿈이라고 풀이하자.'

평소 부처님에 대해 강한 질투심을 느끼고 있었던 예언가는 거짓 꿈풀이를 했습니다.

"왕이시여, 이는 나쁜 징조입니다."

"어떠한 일이 일어날 징조인가?"

"왕이시여, 이 꿈은 왕위를 잃든가 반란이 일어날 것을 알리는 꿈입니다."

자기의 생각과 예언가의 꿈풀이가 맞아떨어지자 왕은 매우 놀라 물었습니다.

"왕위도 목숨도 버리지 않을 좋은 방법은 없는가?"

"이 여름 3개월 동안 아무도 만나지 마시고 궁궐 깊이 숨어 계시면 재난을 면할 수 있을 것이옵니다."

왕은 즉시 전국에 포고령을 내렸습니다.

"이 여름 3개월 동안은 그 어떠한 사람일지라도 나를 보는 것을 금한다. 만일 이것을 범하는 자는 목숨을 잃을 것이다."

왕은 생명에 대한 애착 때문에 부처님과 한 약속을 까마득히 잊은 채, 포고령을 내린 뒤 궁중 깊이 숨어버렸습니다.

그 이튿날 아침, 부처님과 5백 명의 비구는 공양을 받기 위해 궁중으로 갔습니다. 그러나 왕궁의 문은 굳게 닫혀 있었고, 수문장은 출입을 봉쇄하였습니다. 부처님의 시봉 아난 존자는 수문장에게 말했습니다.

"국왕은 어제, 앞으로 3개월 동안 음식·의복·탕약·침구를 공양할 수 있도록 해달라고 부처님께 청하였는데, 어찌 문조차 열지 않는 것이요?"

"아난 존자시여, 국왕은 5백 명분의 음식을 준비하라는 말씀만 하셨을 뿐, 누구를 위해서라는 말씀은 하지 않았습니다."

"그렇다면 국왕께 여쭈어 보시오."

"아난님, 그것은 안될 말씀입니다. 국왕께서는 이 3개월 동안 그 누구라도 만나지 않겠다고 하셨고, 만일 만나고자 하는 이가 있으면 목을 베겠다는 포고령을 내렸습니다. 제 머리가 두 개 있는 것도 아니온데 어떻게 임금을 뵈올 수가 있겠습니까?"

어쩔 수 없음을 안 부처님과 5백 명의 비구는 마을 사람들을 찾아다니며 공양을 청했습니다. 그러나 그들은 한목소리로 거절했습니다.

"우리들 그 누구도 앞으로 3개월 동안은 공양을 바칠 수가 없습니다. 저희들은 공양을 올리고 싶지만, 국왕이 포고령을 내려

200

부처님과 스님들께 공양을 바치는 것을 금지하였기 때문입니다.
만일 이 금지령을 어기는 자가 있다면 목숨을 잃을 것입니다.”

어디를 가보나 사람들은 이렇게 말하며 거절하였습니다. 이 무
렵 5백 마리의 말을 끌고 북방에서 이 나라로 온 상인이 있었습
니다. 아난은 그를 찾아가 자초지종을 밝힌 다음 간곡히 부탁했
습니다.

‘나는 이 나라 사람이 아니다. 왕의 포고령이 나에게는 미치지
않으리라.’

이렇게 생각한 그는 아난에게 말했습니다.

“아난 존자시여, 저에게는 달리 양식이 없습니다. 오직 말들의
먹이인 말먹이 보리(馬麥) 밖에 없습니다. 만일 이 보리라도 좋
으시다면 부처님께는 하루 두 되, 스님들께는 한 되씩, 오백 마리
의 말먹이를 공양하고 싶습니다. 괜찮겠습니까?”

아난은 부처님께로 돌아와 이 일을 아뢰었고, 부처님께서는 담
담히 말씀하셨습니다.

“말먹이를 먹지 않으면 안되는 것이 나의 업보요 5백 비구의
업보이다. 나는 기꺼이 그의 공양을 받겠다.

　　비록 백겁(百劫)을 지날지라도
　　만들어 놓은 업은 사라지지 않나니
　　인과 연이 다시 맺어질 때
　　그 업보는 나에게로 돌아오느니라

아난아, 너는 주(籌, 사람 수를 세는 소찰)를 가지고 비구들에게 가서 이렇게 말하여라, '3개월 동안, 말먹이 보리를 먹고서라도 부처님과 함께 머물러 안거하겠다고 생각하는 사람은 이 주를 가지라'고."

아난이 비구들에게 이 말씀을 전하자 498명의 비구들은 주를 뽑아, 말먹이 보리를 먹더라도 부처님과 함께 안거하겠다는 뜻을 밝혔습니다. 그러나 가장 큰제자인 사리불과 목건련 두 비구는 주를 뽑지 않았습니다. 사리불은 부처님께 아뢰었습니다.

"부처님이시여, 저는 지금 이질병으로 고통을 받고 있습니다. 3개월 동안 찬 성질의 말먹이 보리를 먹는다면 병이 더욱 깊어질 것입니다."

목건련도 뒤따라 말했습니다.

"부처님, 저는 사리불을 간호해야 하므로 그와 함께 이곳을 떠나겠습니다."

이리하여 부처님과 498명의 비구는 비란다 성밖, 연목수 아래에서 상인이 주는 말먹이 보리를 먹으며 안거하였고, 사리불과 목건련 장로는 삼봉산으로 가서 천인(天人)들의 공양을 받으며 여름 3개월을 지내게 되었습니다.

부처님과 비구들은 말먹이 보리로 밀개떡을 만들어 먹었고, 아난은 밀개떡을 드시는 부처님을 뵈올 때마다 매우 비통해 했습니다. 그러나 부처님은 지극히 담담한 모습으로 밀개떡을 드셨습니다.

3개월의 안거가 끝난 날, 비구들은 각자의 소지품을 챙겨 부처님 앞에 모였습니다. 그리고 3개월동안 마음에 품고 있던 의혹을 부처님께 여쭈었습니다.

"부처님이시여, 복과 덕을 원만히 갖추셨고 위없는 깨달음을 이루신 부처님께서 어찌하여 말먹이 보리를 드시지 않으면 안되었나이까? 또 저희 498명의 비구가 그것을 먹은 까닭은 무엇이오니까?"

"비구들이여, 이 모든 것은 피할 수 없는 업보이니라.

옛날 비바시(毘鉢尸) 부처님께서 8만 4천 비구들과 친혜성(親惠城) 교외에 머물러 있었을 때, 친혜성 안에는 5백의 동자를 가르치고 있는 바라문이 있었느니라. 온나라 사람들은 그 바라문을 존경하고 섬기고 공양을 하였으나, 비바시 부처님이 친혜성에 나타나자 그의 명성은 땅에 떨어졌고 공양하는 사람도 크게 줄어들었느니라. 이에 그 바라문은 부처님에 대해 깊은 질투심을 품게 되었다.

어느날 아침, 바라문은 맛있는 음식을 바루 가득히 담아 가지고 돌아가는 비구들을 불러 세우고 시비를 걸었느니라.

'무엇을 얻었는가? 바루 속을 보여다오.'

스님들이 그가 시키는 대로 정직하게 보여주자 바라문은 5백명의 제자들을 돌아보며 악담을 퍼부었느니라.

'이 놈들은 이렇게 맛있는 음식을 얻어 먹을만한 자격이 없다. 말먹이 보리나 얻어 먹는 것이 마땅한 노릇이다.'

그러자 그의 제자들도 입을 모아 떠들었느니라.

'그렇구말구요. 스승님이 말씀하신 대로 말먹이 보리를 먹는

것이 제격일 것입니다.'

그러나 그 중 두 명의 영리한 동자는 오히려 바라문을 나무랐느니라.

'스승님, 그런 욕을 하시면 안됩니다. 귀하신 이분들은 오히려 천인의 공양을 받기에도 부족함이 없습니다.'"

이러한 이야기를 들려 주신 부처님은 결론을 맺었습니다.

"비구들아, 그 때의 바라문은 나의 전신이요 5백의 어린 제자는 지금의 그대들이며, 두 명의 영리한 동자는 사리불과 목건련이니라. 이 악담의 과보로 나와 너희 498명의 비구는 이 여름 3개월동안 말먹이 보리를 먹어야만 했고, 사리불과 목건련은 그 악담을 꾸짖은 선한 인연으로 삼봉산에서 천인들의 공양을 받은 것이다.

내가 항상 말하였듯이 악업에는 언제나 나쁜 과보가 따르고, 선업에는 언제나 좋은 과보가 따르기 마련이다. 어찌 누구를 탓하고 누구를 원망할 것이랴. 너희들은 인과의 도리를 깊이 명심하여 더욱 수행에 힘써야 하느니라."

라후라의 태중 6년

부처님의 아들인 라후라(羅睺羅) 존자가 어머니 배 속에서 6년 동안을 있었다는 태중6년설(胎中六年說)이 전해지고 있습니다. 부처님의 아내인 야쇼다라 태자비가 부처님이 출가하기 전에 아이를 잉태하였다가 부처님이 도를 깨달은 직후, 곧 6년만에 아들을 낳았다는 것입니다.

그러나 카필라성의 사람들은 이를 이해할 수 없었습니다. 부처님께서는 이미 6년 전에 도를 구하기 위해 왕궁을 떠났고 그뒤 카필라성으로 단 한차례의 눈길도 주지 않았습니다. 따라서 10달이면 태어날 아기를 6년만에 낳았다고 주장하고, 그것도 부처님의 아들이라 주장하는 태자비의 말을 그대로 믿어줄 사람은 없었습니다.

삽시간에 카필라성은 묘한 소문으로 들끓었고, 왕실 회의에서는 모자를 함께 불태워 죽일 것을 결정하였습니다.

그러나 태자비인 야쇼다라는 조금도 당황하지 않았습니다. 비록 6년만에 나온 아이이기는 하지만 분명히 싯달타 태자가 출가하기 전에 임신하였고, 태자가 출가한 뒤에도 한 점 양심에 거리낄 행동을 한 일이 없었기 때문입니다. 오히려 라후라가 무슨 원한이 있어 6년 동안이나 기를 쓰고 나오지 않으려 하였는지 그것이 궁금했습니다.

이윽고 불씨가 장작더미에 옮겨붙기 시작했을 때, 야쇼다라는 일말의 흔들림없이 부처님이 계신 곳을 향하여 무릎을 꿇고 기도를 드렸습니다.

"부처님이시여, 이 아기가 진정 당신의 아들이라면, 나와 이 아이의 생명을 구하여 주소서."

그러자 금방이라도 두 모자를 삼킬듯이 치솟아오르던 불길이 갑자기 누그러들더니 순식간에 꺼져버리는 것이었습니다. 다시 여러 차례 불을 붙여 보았지만 결과는 마찬가지였습니다. 그리고 부처님은 사람을 보내어 라후라가 당신의 아들이 맞다는 것을 증명하였습니다.

그 일이 있고난 12년 뒤, 부처님은 고향인 카필라성으로 와서 다음과 같은 이야기를 들려 주셨습니다.

"옛날 어느 깊은 산중 토굴에는 열심히 수행정진하는 수도인이 있었느니라. 어느날 토굴에서 선정(禪定)을 닦던 그는 어디선가 들려오는 바스락거리는 소리에 신경이 쓰여 마음을 집중할 수가 없었다. 자리에서 일어나 주위를 살펴보니 쥐 한마리가 벽을

갉고 있었느니라.

　수도인은 자신의 공부를 방해하는 쥐를 밉게 생각하여, 쥐가 구멍 속으로 들어간 사이에 커다란 밤송이 하나로 입구를 막아버렸느니라. 쥐는 구멍 속에 갇혀 어두움과 주림의 고통을 억지로 참으며 원한을 품었느니라.

　'내 언젠가는 이 원한을 몇 백 곱으로 갚아주리라.'

　그렇게 엿새가 지난 다음, 뒤늦게 애련한 마음을 일으킨 수도인은 쥐를 꺼내주었다.

　그날, 쥐에게 있어 그토록 길게 느껴졌던 엿새가 오늘에 이르러 6년의 갚음으로 되돌아 온 것이니, 그 때의 수도인이 바로 야쇼다라요 갇혀있던 쥐가 라후라로 태어난 것이니라.”

비사리 여인의 과보

　부처님 당시, 덕차시라국(德叉尸羅國)에 비사리(毘舍利)라는 아름답고 현명한 처녀가 있었습니다. 따스한 봄날, 그녀는 마을 친구들과 함께 꽃을 따기 위해 집을 나섰습니다. 꽃이 만발한 앞산으로 가려면 마을 앞의 개울을 건너야 했기 때문에, 마을 처녀들은 다 신을 벗고 치마를 추슬려 올리며 개울을 건넜습니다. 그러나 비사리는 신은 커녕 옷도 추키지 않은 채 건너는 것이었습니다. 뚝 위에서 이를 지켜보고 있던 나이든 한 나그네는 호기심이 일어 그 뒤를 따랐습니다.

　처녀들은 꽃이 만발한 동산을 올라 향기로운 꽃을 정신없이 따서 꽃바구니에 담고 있었지만, 내를 건널 때 신을 벗지 않고 건너던 바로 그 처녀만은 다소곳한 자세로 손길이 닿기 쉬운 곳의 꽃만을 차근차근 따고 있었습니다. 하루 종일 이를 지켜보고 있던 나그네는 처녀들이 산을 내려올 무렵 비사리에게 다가가 조용히

208

물었습니다.

"아가씨! 다른 아가씨들은 많은 꽃을 꺾기 위해 나무에도 올라
가고 서로 다투기도 하는데, 왜 아가씨는 손에 닿는 꽃만을 따셨
지요?"

그녀는 시원한 눈매를 얌전히 치뜨며 은쟁반에 옥구슬이 구르
는 듯한 목소리로 말했습니다.

"별로 대단한 뜻은 없사옵고, 나무에 오르다 미끄러지거나 하
면 몸을 다칠 염려가 있어 조심했을 뿐입니다."

"그렇다면 조금 전에 내를 건널 때 왜 옷도 걷지 않고 신을 신
은 채 건넜지요?"

"신을 신은 것은 냇물 가운데 혹시 가시덤불이나 사금파리가
있어 발을 상하게 하지 않을까 하여 조심한 것뿐이오며, 옷을 걷
지 않은 것은 여자의 몸이 묘하여 맨살을 남자에게 보이게 되면
그로 인해 유혹을 일으키게 되고, 걷어올린 모양이 고우면 모르
지만 그렇지 못한 경우 흉하게 보일 수도 있기 때문이었습니다."

비사리의 이야기를 듣고 감명한 나그네는 다시 물었습니다.

"아가씨의 집은 어디이며 아가씨와 아버님의 성함은 무엇이
요."

"저의 아버지는 달마하선이며 제 이름은 비사리라 합니다."

비사리는 나그네의 점잖은 언행과 품위에 이렇게 대답하고 집
도 가르쳐 주었습니다. 그날 밤 나그네는 처녀의 아버지를 방문
하여 자신을 소개하였습니다.

"저는 코살라국 파사익왕의 두터운 신임을 받고 있는 명재상

리기미 대신의 가신(家臣:참모 비서)입니다. 지금 리기미 대신의
명을 받고 그 댁의 며느리될 아가씨를 찾아 5천축 16국을 찾아다
니고 있는 중입니다."

그리고 나그네는 단도직입적으로 말했습니다.

"따님의 혼처를 아직 정한 데가 없으면 저희 코살라국 리기미
대신의 막내 아드님과 혼인시키기를 청합니다."

갑작스런 청혼에 달마하선은 딸의 미거함을 핑계삼아 사양하
였지만, 나그네는 낮에 딸을 지켜본 이야기를 하며 거듭 청하는
것이었습니다. 나그네가 딸을 간택하게 된 사연을 들은 달마하선
은 딸의 처세에 흐뭇함을 느껴 혼인을 쾌히 승낙하였습니다.

리기미 대신은 아들의 결혼 예물을 갖추어 수레에 싣고 덕차시
라국으로 떠났고, 비사리 신부 집에서도 준비에 바쁜 나날을 보
냈습니다. 마침내 예식일을 맞아 혼례를 마친 뒤, 리기미 대신은
흡족한 마음으로 신부 일행을 데리고 코살라국으로 떠났습니다.

얼마쯤 가다가 쉬어가기 좋은 정자가 있어 일행은 그 곳에서
쉬게 되었습니다. 그러나 갑자기 불길한 예감이 든 비사리는 시
아버지께 다른 곳으로 옮겨 쉬기를 간청하였습니다.

시아버지가 수레와 일행을 재촉하여 막 그 정자를 벗어나는 순
간, 큰 코끼리가 정자 곁으로 다가와 가려운 등을 비비는 바람에
정자가 무너져 그 곳에 있던 다른 나그네들이 그대로 깔려 죽고
만 것입니다. 이를 본 리기미 대신은 크게 놀라면서, 과연 5천축
국의 제일 가는 며느리를 구하기 위해 정성을 드리고 애쓴 보람
이 있다며 흐뭇해 했습니다.

그리고 다시 코살라국을 향해 가다가, 한 내를 만나 오랜 여행에 지친 말과 일행은 쉬고자 하였습니다. 이 때 하늘을 쳐다보던 비사리는 큰 비가 올 것 같은 예감이 들어 시아버지께 내를 건너 쉴 것을 조심스레 청하였습니다.

시아버지는 정자에서의 일을 경험한지라 며느리의 말대로 곧 출발할 것을 명하자, 영문을 모르는 인부들은 투덜거리며 마지못해 따라나섰습니다. 일행이 내를 건너 평지를 지나고 언덕에 올라 숨을 돌리는데, 갑자기 번개와 천둥이 치면서 소나기가 쏟아져 냇물이 순식간에 불어났습니다. 일행은 일찍 건너오기를 잘했다고 하면서 서둘러 장막을 치고 비를 피하였으며, 리기미 대신은 또 한번 경탄했습니다.

시댁에 당도한 비사리는 성중의 많은 사람들에게 환영을 받았으며, 시부모와 남편과 어른들을 정성껏 받들며 지냈습니다. 시댁의 가세(家勢)와 덕망은 날로 높아졌으며, 그녀에 대한 찬사와 존경도 날로 더하여졌습니다. 어느덧 그들 부부는 출중한 아들 7형제를 두게 되었습니다.

7형제를 기르는 동안 그녀에게도 고난이 없었던 것은 아니었습니다. 친정의 나라인 덕차시라국과 시가의 나라인 코살라국 사이에 세력 다툼의 불화가 감돌아 전쟁 직전의 상태에까지 이르게 되었습니다.

그런데 당시의 전쟁 풍속은 특이한 점이 있었습이다. 곧 서로의 국력을 가늠하는 데 있어 무력의 강약도 중요한 기준이 되었지만, 그보다 뛰어난 지혜로 국민의 단합심을 가져오게 하는 현인(賢人)이 있는가 없는가 하는 것이 더 큰 기준으로 작용되고 있었던 것입니다. 그러므로 전쟁 전에는 상대국에 현인이 있는지를 시험하기도 하고, 전승국에서는 패전국으로부터 배상금 대신 그 나라의 현인을 데리고 가는 예가 많았습니다. 대표적인 예가 중인도 마갈타국의 마명(馬鳴) 보살과 서역 구자국(龜慈國)의 구마라습(鳩摩羅什) 삼장을 들 수 있습니다.

비사리 여인의 친정이 있는 덕차시라국에서도 코살라국에 현인이 있는지 여부를 시험하기 위해 세 가지 문제를 보내왔습니다.

첫째는 크기가 비슷한 두 마리의 말을 보내어 어미와 새끼를 구별하라는 것, 둘째는 두 마리의 새끼뱀을 보내어 암·수를 구별하라는 것, 셋째는 위아래의 식별이 불가능한 나무토막을 보내어 윗쪽과 아랫쪽을 구별하라는 것이었습니다.

만일 이 문제를 풀지 못하면 군대를 동원해 침공하겠다고 위협하였기에, 코살라국의 왕과 대신은 크게 근심하고 있었습니다. 이 때 비사리는 시아버지의 근심을 알고 밝게 웃으며 그 답을 가려내는 방법을 일러주었습니다.

"첫 번째 문제는 말이 좋아하는 풀을 한 곳에 모아 놓고 그 풀을 먹게 하십시요. 새끼말은 저만 먹으려고 하지만 어미말은 먹이를 새끼 쪽으로 밀어줄 것이옵니다.

두 번째 문제는 색깔 곱고 부드러운 비단을 펴 놓고 그 위에 새끼뱀 두 마리를 올려 놓으십시요. 암놈은 성질이 부드러워 비단 위에 가만히 있을 것이고 숫놈은 좋다고 펄펄 뛸 것이옵니다.

세 번째 문제는 큰 통에 물을 가득 담은 다음 그 물 위에 나무를 띄워 보십시오. 가라앉는 쪽이 밑부분이고 뜨는 쪽은 윗부분이옵니다."

마침내 문제를 가지고 온 덕차시라국의 사신은 탄복을 하며 돌아갔고, 비사리는 사위국의 위기를 구했습니다. 파사익왕은 자신들이 풀지 못하는 난문제를 풀어 준 주인공이 비사리라는 것을 알고 만나기를 청하였으며, 그녀의 고결하고 밝은 얼굴과 한없는 슬기, 위엄을 함께 담은 눈과 단정한 몸매를 보며 경탄을 금치 못하였고, 존경하는 마음이 생겨 의동생을 맺었습니다. 자연히 비사리의 아들들은 장성함에 따라 좋은 벼슬길도 열리고, 문(文)·무(武)에도 뛰어나 만인의 선망의 대상이 되고 있었습니다.

또 그녀는 부처님의 가르침을 잘 받들었고 신심이 돈독하여 때때로 부처님과 제자들을 초청하여 공양 올리는 일을 즐겨 베풀었습니다.

당시 부처님께서는 어느 한 사람만을 따로 청하여 공양을 올리는 별청(別請)을 철저히 금하고 있었습니다. 비사리 여인 또한 어느 한 스님만을 청하는 것이 아니라, 부처님의 제자가 얼마나 되든지 부처님을 모시고 계신 스님네를 한 분도 빠뜨리지 않고 청하는 공양청(供養請)을 하였기 때문에 실로 엄청난 잔치와도 같았습니다.

비사리 여인은 어느 날, 부처님과 학덕 높은 스님네를 모시어 좋은 음식과 진기한 과일과 차를 내어 정성껏 공양하고 옷과 약을 시주하였습니다. 그러나 비사리는 왠지 마음 한 구석이 불안하고 떨렸습니다.

"거룩하신 부처님과 스님들을 모시어 공양하는 것이 얼마나 영광스러운 일인가? 그런데 왜 이리도 내 마음이 불안할까?"

그런데 공양을 올리는 중, 대궐의 임금님이 비단으로 싼 크고 무거운 함을 보내왔습니다. 모두 그 하사품을 궁금해 하였고, 비사리 여인도 그것이 보통 함이 아니라 임금이 직접 하사한 것이라 열어 보려고 하였습니다. 그러나 부처님께서는 열어 보지 말라고 하셨습니다. 그리고 공양이 끝난 후 부처님은 비사리 여인에게 법문을 설했습니다.

"비사리 여인이여! 육신은 덧없고 한없이 괴로운 것이니라.

생로병사의 고통은 물론이요, 살고 있는 동안에도 모든 일이 뜻대로 되는 것은 아니며, 지금 당장은 즐겁고 편안하여도 미래에 대한 불안과 은애(恩愛)에 얽혀 살아야 하느니라. 모든 중생이 참된 자신을 잃은 채 부질없는 일로 한평생을 헛되이 보내고 있으며, 죄업 속에서 나날을 살아가느니라.

인생이란 인연따라 모였다가 인연따라 흩어지는 것. 이렇게 인연법을 깊이 관찰하여 흩어지는 인연에 애착을 가지지 말고 부디 슬퍼하지 말라. 이 세상에는 애착할 것도 슬퍼할 것도 없음이니, 본래 없음을 간절히 사무쳐 알도록 하라."

비사리 여인은 부처님의 이 무상법문(無常法門)을 듣는 동안 자신의 가슴을 짓누르고 있던 천근 무게의 불안한 기운이 사라졌고, 한 줄기 눈물이 저절로 흘러내렸습니다. 그리고 인생무상의 실상과 생사인연의 실상을 볼 수 있는 마음의 눈이 희미하게나마 열리게 되었습니다.

부처님은 그녀가 마음의 그림자를 벗고 장차 안심입명(安心立命)의 경지에 들 것을 아시고는, 곧 제자들을 거느리고 기원정사로 돌아가셨습니다. 그러자 비사리는 식구들과 함께 임금님이 보낸 함의 뚜껑을 열었습니다.

순간, 그녀는 참으로 두 눈을 뜨고는 볼 수 없는 참혹한 모습을 보았습니다. 그녀는 기절하였고 온 식구들은 모두 소리 높여 통곡했습니다. 그 함 속에는 그토록 믿음직스럽고 씩씩하였던 그녀의 일곱 아들들의 머리가 일그러진 채 담겨져 있었던 것이었습니다.

그러나 그녀는 곧 정신을 가다듬고 방금 전 부처님께서 말씀해 주신 법문의 뜻을 뼈 속 깊이 생각하며, 마음 속으로부터 끓어오르는 분노와 배신, 끝없이 아끼고 사랑했던 자식에 대한 애착과 복받쳐오르는 설움을 조용히 조용히 가라앉혔습니다. 그것은 부처님의 법문을 들었을 때 인생의 무상을 꿰뚫어보는 마음의 힘을 얻었기 때문이었습니다.

그리고 비사리는 일곱 아들이 그와 같은 비참한 죽음을 당하게 된 까닭을 전해 들었습니다.

이들의 죽음은 비사리 여인의 일곱 아들 중 막내아들이 화근의 발단이 되었습니다. 그는 시기를 잘하고 질투심이 강하였으며, 뜻에 맞지 않는 일이나 경우에 맞지 않는 행동을 하는 이에 대해서는 가차없이 결투를 신청하여 징계를 하고야 마는 성격이었습니다.

당시의 조정에는 할아버지인 리기미 대신과 라이벌 관계에 있는 거물 대신이 있었습니다. 리기미 대신은 덕망이 높고 충직한 인격으로 조정에서 신망이 높았을 뿐 아니라, 비사리 여인이 파사익왕과 의남매가 되었으므로 그의 지위는 한층 탄탄했고 드높았습니다. 또한 상대편 대신은 명문가의 후손으로 정략이 뛰어나고 실리에 밝은 정치인이었으므로 왕도 그 말에 귀를 기울였으며, 벼슬아치들의 출세심리를 잘 조정하여 많은 실권을 장악하고 위세를 부렸습니다.

문제는 비사리 여인의 막내아들과 상대편 대신의 아들 사이의 싸움에서 시작되었습니다. 이들은 서로 자신의 가문을 믿고 서로 지지 않으려는 우월감에서 늘 만나면 맞서기가 일쑤였습니다. 어느 날 두 사람이 개울 위의 다리에서 만났을 때 서로 수레를 비켜주지 않으려 하여 시비가 일어났고, 시비 끝에 비사리 여인의 막내아들은 상대편의 수레를 들어서 개울로 떨어뜨리고 말았습니다.

비사리 여인이 뒤늦게 이 사실을 알고 찾아가 사과를 하였지만, 상대쪽에서는 겉으로 양해를 하는 척하면서 속으로 칼을 갈았습니다. 정략에 뛰어난 상대편 대신은 리기미 일가의 권세가 너무 비대한 탓이라 생각하고 비밀리에 계략을 꾸몄던 것입니다.

그는 겉으로는 친한 척 부드럽게 대하여 이 쪽에서 서로를 믿고 안심하게 되었을 무렵, 여러가지 보배를 섞어 훌륭하게 장식한 말채찍 일곱 개를 선물했습니다. 일곱 아들들은 그 말채찍이 너무나 값진 것이었으므로 고맙게 생각하면서 늘 가지고 다녔습니다. 그러나 그 말채찍 끝에는 예리한 칼이 감춰져 있었습니다. 당시의 국법으로는 어느 누구도 칼 등의 무기를 가지고 궁궐로 들어갈 수 없도록 되어 있었습니다.

어느 날 정략에 능한 저 대신은 기회를 보아 왕에게 일곱 형제들이 역적을 도모한다고 모함을 하였습니다. 왕이 그것을 믿으려 하지 않자 증거가 있다고 하면서 일곱 아들들의 채찍을 빼앗아 그 속에 든 칼을 파사익왕에게 보인 것입니다. 이에 왕은 대로하여 일곱 아들들의 목을 단숨에 치게 하였던 것입니다.

한편 불심과 덕망이 높기로 이름난 비사리 여인의 일곱 아들이 무참하게 처형되었다는 소식을 듣게 된 아난 존자는 이것이 어떠한 인연의 소치인가를 부처님께 여쭈었습니다.

부처님은 잠깐 침묵하셨다가 침통한 음성으로 이렇게 말씀하셨습니다.

"그들의 죽음은 금생의 일에서 비롯된 것이 아니니라. 그들 일곱 사람은 저 과거세에 서로 친구 사이로서 남의 소를 훔치던 소도둑이었느니라. 소를 훔친 그들은 홀로 사는 노파의 외딴집 근처에서 소를 잡았는데, 노파는 좋아라 하며 불을 피우고 물을 끓이면서 삶을 준비를 하였고, 소금을 공급하여 함께 맛있게 먹었느니라.

그 때의 일곱 도둑이 지금의 비사리 여인의 일곱 아들이며, 그 때의 노파가 지금의 비사리 여인이니라. 그리고 그 때의 소 주인은 일곱 아들을 역적으로 모함한 바로 그 대신이니라. 이러한 인연으로 그들은 금생에 모함을 받아 한꺼번에 죽임을 당하게 된 것이니라."

부처님의 말씀처럼 일곱 명의 소도둑은 남의 소를 도둑질하고 죽인 죄로 금생에 비참한 죽음을 받은 것이므로 도둑질과 살생을 한 직접적인 과보라고 할 수 있지만, 비사리 여인은 그 소를 죽인 것과는 직접적인 관계가 없었지만 도둑질하여 잡은 쇠고기를 삶고 소금을 갖다 주어 함께 맛있게 먹은 죄 때문에 일곱 아들의 어머니로서 아픔을 당하게 된 것입니다.

이 때 아난 존자는 도둑질을 한 그들이 어떻게 그와 같은 귀한 가문에 태어나서 높은 벼슬까지 할 수 있었으며, 비사리 여인은 또 무슨 공덕을 지은 바 있어 그렇게 총명하고 부귀하게 살게 되었는지를 의심하게 되었습니다. 그리하여 이 인과를 부처님께 여쭈었습니다.

"세존이시여, 저들이 어떤 인연으로 이러한 부귀한 집에 태어나서 고귀한 신분을 얻게 되었나이까?"

"부귀한 집에 태어난 데도 그만한 인연이 있느니라. 아득히 먼 옛날 가섭부처님이 출현하시어 법을 세상에 전하고 있을 때, 재산이 넉넉한 한 노파가 부처님이 말씀하신 진리와 그 제자들을 지극히 공경하였으며, 절에 자주 찾아가서 여러 가지 공양을 올렸느니라. 어느 날 그녀는 향과 기름 등을 가지고 절에 공양하러 가다가, 언덕을 오르는 길목에서 일곱 청년들과 만났느니라. 이 때 노파는 일곱 청년들에게 간곡히 당부하였느니라.

'이 향과 기름을 가지고 나와 함께 절에 가서 공양 올리는 일을 거들어 주면 한없는 복을 받게 될 것입니다.'

일곱 청년들은 노파의 공양을 도와 주었고 자비심이 넘치는 노파에게 훈훈한 정을 느껴 발원을 하였느니라.

'다음 생에는 저희들이 노모님을 어머니로 모시고 살기를 원합니다.'

그 때의 인연이 있어 금생에 비사리 여인과 모자로 만난 것이며, 부처님께 함께 공양을 올린 인연 때문에 고귀한 신분으로 태어나 불심이 돈독한 불제자가 되었느니라."

이 설화를 살펴보면 목전의 부귀영화만을 위해 수단 방법을 가리지 않고 온갖 죄업을 불사하는 것이 얼마나 어리석고 위험한 짓인가를 절감하게 됩니다. 진실로 부처님 법을 믿는다면 삼세의 인과와 윤회를 믿어야 하고, 삼세의 인과와 윤회를 믿는다면 이후로는 결정코 부처님 법을 떠나지 않고 세세생생 불법을 믿겠다는 것과, 지혜를 닦고 복을 짓고 죄업을 참회하며 살기를 다짐해야 할 것입니다.

우리는 남의 소를 훔쳐서 잡아 먹은 일곱 청년과 고기를 탐한 노파의 전생은 닮지 말아야 합니다. 그리고 향과 기름을 공양한 저 노파와 그것을 기쁜 마음으로 도와 준 일곱 청년의 전생을 힘써 배워야 할 것입니다. 또한 소를 훔쳐와 잡는 것을 보고 고기를 실컷 먹겠다는 생각으로 좋아하면서 함께 먹은 업보로 금생에 뼈 아픈 슬픔을 당한 비사리 여인의 인과응보를 잊지 말아야 할 것입니다.

부귀를 누리고 살다가 젊고 씩씩한 일곱 아들을 잃는 아픔을 겪겠느냐? 가난하게 고생을 하며 살지만 부모 자식 사이에 생이별이 없는 그런 삶을 살겠느냐? 둘 가운데 하나를 선택하라고 하면 누구나 나중을 택할 것입니다.

참된 삶! 그것은 우리 모두의 한 마음이 결정한다는 사실을 잊지 마시기 바랍니다.

산채로 지옥에 떨어진 데바닷다

데바닷다는 부처님의 가까운 친척이요, 아난 존자의 형입니다. 그는 우바리·아난 등 석가족의 여러 형제들과 함께 출가하여 부처님의 제자가 되었습니다. 그러나 데바닷다는 올바른 수행은 커녕, 날이 갈수록 나태함에 빠져들었습니다. 그러면서도 그는 모든 사람들로부터 부처님과 다름없는 존경을 받고 싶어하였습니다.

그 당시 마가다국의 왕은 독실한 불교 신자인 빔비사라였으며, 태자는 아자타샷투였습니다. 아자타샷투는 데바닷다의 꾐에 빠져 부왕 빔비사라를 옥에 가두고 스스로 왕의 자리에 올랐고, 데바닷다는 아자타샷투왕의 두터운 신임과 후원을 업고 부처님의 교단을 빼앗을 궁리를 하였습니다. 자신은 법왕(法王)이 되고 아자타샷투왕은 국왕이 되어, 둘의 힘으로 천하를 다스리고자 하는 야심을 품었던 것입니다.

데바닷다가 이와 같은 나쁜 야망을 키워나가던 어느 날이었습니다. 부처님께서 제자들을 모아 놓고 설법을 시작하는데, 데바닷다와 그를 따르는 무리들이 찾아와 무례한 제의를 했습니다.

"부처님께서는 이제 너무 연로하신 데에다 건강도 좋지 않으십니다. 그러니 교단은 저에게 맡기시고 편히 쉬시는 것이 좋을 듯합니다."

데바닷다의 사람됨을 잘 아는 부처님께서는 이렇게 말씀하셨습니다.

"데바닷다야, 잘 들어라. 나는 아직 누구에게도 교단을 맡기려고 생각한 적이 없다. 설령 다른 이에게 맡긴다고 하더라도 여기 사리불이나 목련같이 총명하고 뛰어난 제자가 있지 않으냐. 너는 어찌하여 스스로 교단을 맡겠다고 나서느냐?"

부처님께서는 여러 사람들 앞에서 분명하게 데바닷다의 요구를 거절하셨습니다. 그러자 반성을 하기는 커녕 여러 사람들 앞에서 망신당한 것을 분하게 여긴 그는 아자타삿투왕을 충돌질하여 부처님을 죽이려는 무서운 음모를 꾸몄습니다. 그리고는 칼을 잘 쓰는 자객을 부처님께 보냈습니다.

그러나 부처님을 살해할 목적으로 그 옆에까지 간 자객은 몸이 떨리기만 할 뿐 꼼짝할 수조차 없었습니다. 이 모습을 보신 부처님께서 물었습니다.

"어찌하여 그렇게 떨고만 있느냐?"

자객은 모든 사실을 털어 놓고 부처님 앞에 엎드려 용서를 빌었으며, 부처님의 용서를 받은 그는 출가하여 부처님의 충실한 제자가 되었습니다.

얼마 뒤 부처님께서 영축산에서 내려오시는 날, 부처님을 해치기 위해 벼랑 위에 숨어 있던 데바닷다는 부처님께서 그 아래를 지나가시는 순간 커다란 바위들을 굴러 떨어뜨렸습니다. 하지만 정확하게 겨냥하였음에도 불구하고, 바위들은 몇번 구르다가 좁은 골짜기에서 멈추고 말았습니다. 제자들이 부처님 둘레를 감싸자 부처님께서는 태연히 말씀하셨습니다.

"여래는 폭력에 의하여 목숨을 잃는 법이 없다."

그리고는 태연히 길을 가셨습니다.

두 차례의 살해 음모가 모두 실패하자 데바닷다는 부처님께서 지나시는 길에 성질이 몹시 사나운 코끼리를 풀어 놓았습니다. 그러나 미친듯이 날뛰던 코끼리까지도 부처님 앞에 이르자, 코를 아래로 늘어뜨리고 꿇어앉는 것이었습니다.

멀리서 데바닷다와 함께 이 광경을 지켜보던 아자타삿투왕은 마음에 큰 변화가 일기 시작했습니다. 부처님을 해치려는 데바닷다의 꾐에 빠져 부왕을 옥에 가둔 것이 큰 잘못이었음을 마침내 깨달은 것입니다. 아자타삿투왕은 데바닷다가 왕궁에 출입하는 것을 금하고, 부처님을 찾아가 설법을 듣기 시작했습니다.

그뒤 데바닷다는 왕궁으로 아자타삿투왕을 만나러 갔다가 문전에서 쫓겨났습니다. 하는 수 없이 돌아서는 길에 연화색 비구니를 만났는데, 연화색은 그를 호되게 꾸짖었습니다.

"부처님을 해치려고 하는 일이 얼마나 무서운 과보를 받게 되는 끔찍한 일인줄 알고 있느냐?"

그 순간 머리끝까지 화가 치민 데바닷다는 연화색 비구니를 주
먹으로 때려 죽이고 말았습니다.

마침내 치미는 분노와 시기심을 이기지 못한 그는 열 손가락에
다 독을 바르고 부처님이 계신 곳으로 갔습니다. 데바닷다가 부
처님께 가까이 다가가 손가락으로 부처님의 얼굴을 할퀴려는 순
간, 밟고 있던 땅이 갑자기 갈라져 그는 끝없는 어둠 속으로 빠져
들고 말았습니다.

인색한 월탄

부처님 당시 바라내국(波羅奈國 : 중인도 베라네스를 중심지로 삼았던 나라)에 월탄(越歎)이라는 장자가 있었습니다.

그는 재산이 많은 백만장자였지만, 지극히 탐욕스럽고 인색하여 보시를 할 줄 몰랐습니다. 심지어는 하인들에게 명하여 구걸하러 오는 사람이면 누구나 다 쫓아버리라는 엄명을 내렸을 뿐아니라, 하나뿐인 아들 전단(栴檀)에게도 그렇게 하도록 가르쳤습니다. 부전자전이라더니 아들 전단 역시 그 아비를 닮아 욕심이 지극하였습니다.

그러나 죽음은 월탄 장자를 피해 가지 않았습니다. 월탄은 죽어서 이웃 마을의 한 쪽 눈이 먼 부인의 몸에 입태(入胎)하였는데, 그녀의 남편은 가난하고 지극히 악독한 인물이었습니다. 그는 아내에게 말했습니다.

"눈도 성하지 않은 병신이 이 가난한 집안에서 아이까지 갖게 되었으니 나는 책임질 수 없어. 내가 어떻게 먹여 살리라는 거야. 집을 나가 밥을 얻어 먹어라. "

쫓겨난 부인은 할 수 없이 문전걸식을 하며 이 마을 저 마을로 떠돌아다녔습니다. 어느 날 큰 바위굴 하나를 발견하고 그 속에 들어가 머물다가 하나 남은 성한 눈까지 마저 멀어 버렸습니다.

그런 중에 달이 차서 사내아이를 낳았는데, 아들을 등에 업고 지팡이를 짚고 나가 걸식을 하여 근근히 목숨을 유지했습니다. 아들이 7살이 되었을 때 어머니는 아이를 불러 놓고 말했습니다.

"에미는 눈이 어둡고 몸도 아프니 이제부터 네가 다니면서 조석을 빌어와야겠다. "

그 날부터 아들은 혼자 다니며 구걸을 했습니다. 어느 날 아들은 고을에서 제일 부자라는 전단의 집을 찾아갔습니다. 마침 문지기가 어디 가고 없었으므로 집안으로 들어갈 수가 있었습니다. 주인 전단은 거렁뱅이 아이가 들어온 것을 보고 문지기를 불러 냉큼 내어 쫓으라고 호령했습니다.

문지기가 머리채를 잡고 서둘러서 문밖으로 내어 던지는 바람에 아이의 머리는 깨어져 피가 났고 팔까지 부러졌습니다. 아이가 고통스러워 하며 크게 울부짖자 불쌍히 여긴 이웃 여인네들이 그 어머니에게 알려 주었습니다. 눈이 보이지 않는 어머니는 엎치락뒤치락 달려와서 아들을 끌어안고 목놓아 울었습니다. 애통한 모자의 모습은 차마 눈을 뜨고는 볼 수 없을 광경이었습니다.

그 때 부처님께서 혜안(慧眼)으로 이 광경을 관찰하시고 그 곳으로 오셔서 음식을 주시며 손으로 모자의 이마를 만지자, 어머니는 두 눈이 열리고 아이는 상한 곳이 즉시 낳아 온전하게 되었습니다. 부처님은 아들을 위해 인과를 말씀해 주셨습니다.

"지금 받고 있는 고통은 전세에 네가 재물을 간탐하였기 때문이니라. 이 마을의 큰 부자 전단이 전생에는 너의 아들이었고, 너는 그의 아버지인 월탄이었느니라. 전생의 너는 비록 부자였으나 가난하고 병든 사람을 박대하여 문 안으로 들어서지도 못하게 했을 뿐 아니라, 너의 자식 전단에게도 그렇게 하도록 가르쳤기 때문에 이와 같은 혹독한 과보를 받는 것이다. 오늘부터라도 개과천선하여 좋은 사람이 되도록 하여라."

부처님의 이 법문을 듣고 모자와 전단은 물론, 모든 사람들이 크게 발심을 하였다고 합니다.

간탐이 얼마나 큰 죄업인 줄을 알지 못하고, 내 것을 아끼기 위해 남에게 욕을 하고 매질을 하는 자! 그 업보가 어찌 월탄의 후신인 아이의 고통만으로 끝나겠습니까?

만약 이제까지 인색한 마음 때문에 정신적으로나 육체적으로 다른 사람을 괴롭혀 왔다면 마땅히 참회하고, 그와 같은 허물을 짓지말아야 할 것입니다. 아무리 허물이 커도 참회가 올바르면 죄업의 구렁텅이에 빠져들지 않습니다.

추녀도 미인도 한마음 차이

파사익왕과 왕비 마리부인(摩利夫人) 사이에서 태어난 한 딸은 얼굴이 매우 추하였고, 피부가 거칠기는 마치 뱀의 껍질과 같았으며, 머리털은 말총처럼 억세었습니다. 나이가 들어 시집을 보낼 때가 되자 피사익왕과 마리부인은 수심이 가득차게 되었습니다. 왕은 한 대신을 불러 은밀히 명했습니다.

"이름있는 가문의 종성(種姓)으로서 총각이 있는 아주 가난한 집의 가장을 데려오도록 하라."

명을 받은 대신은 끼니를 잇지 못할 정도로 가난한 집안이지만 총명한 아들을 둔 호족(豪族) 한 사람을 찾아왔습니다. 왕은 그에게 청했습니다.

"듣건대 호족의 집안의 그대가 빈궁하다고 하니 과인이 재산을 내리겠소. 대신 얼굴이 추한 왕녀가 하나 있는데 며느리로 받아주면 어떻겠나?"

"대왕께서 개를 주신다고 할지라도 감히 교칙을 어기지 못할 것이어늘, 하물며 마리왕비님의 공주님이겠습니까?"

파사익왕은 부마의 집 대문을 일곱 겹으로 만들어서 외부 사람의 출입을 엄금시킨 다음 부마에게 당부하였습니다.

"문을 항상 단속해야 할 것이니, 그대가 밖으로 나갈 때에는 반드시 문을 잠그도록 하라."

그 날부터 공주는 부마의 집에서 살았습니다. 그리고 부마는 언제나 홀로 다녀야 했습니다. 궁궐에서 잔치가 있을 때 모든 대신들이 부부 동반하여 참석하였지만, 그 부마만은 혼자였습니다.

그것을 이상히 여긴 대신들은 계교를 꾸며 그 비밀을 알아내고자 했습니다. 다섯 사람이 모의하여 부마에게 술을 잔뜩 먹인 다음, 열쇠를 훔쳐 부마의 집에 가서 부인을 직접 한 번 보기로 한 것입니다. 이때 왕녀는 착참해진 마음을 가눌 수 없어 스스로를 꾸짖으며 탄식했습니다.

"나는 전생에 무슨 죄를 지었기에 남편의 미움을 받으며 어두운 방에 갇혀 살아야 하는 것일까? 지금 부처님께서 이 세상에 출현하시어 대자대비로 모든 고난을 관찰하고 제도를 하신다는데……."

그녀는 부처님께 간절히 빌었습니다. 부처님은 왕녀의 정성과 돈독한 믿음을 가상히 여겨 그 집에 이르렀습니다. 그리고 땅 밑으로부터 왕녀 앞에 솟아나시어 거룩한 상호(相好)를 나타내셨습니다.

왕녀는 부처님을 뵈옵고 무한한 환희를 느꼈습니다. 그 순간,

얼굴은 단정해지고 추하던 살결은 아름다워졌으며 머리털은 검푸른 빛으로 부드럽게 변하는 것이었습니다. 부처님께서 온몸으로 금빛을 뿜어내시자 왕녀의 마음은 더할 수 없는 기쁨으로 충만되었고, 얼굴은 절세 미인으로 탈바꿈되었던 것입니다.

이 때 부처님께서 여러가지 법문을 해 주시자 왕녀는 곧 지혜가 밝아져서 깨달음을 얻게 되었습니다. 끝없이 기뻐하는 그녀의 모습을 보시고 부처님은 자취를 감추었습니다.

그 순간 다섯 사람은 문을 열고 들어와 왕녀의 비길 데 없이 아름다운 모습을 보았습니다. 그들은 서로에게 말했습니다.

"부마가 왕녀를 데리고 오지 않은 이유를 알겠다. 인물이 저렇게 아름다우니 남의 눈에 띄일까 두려워질 수밖에……."

그들은 돌아가 부마의 몸에 다시 열쇠를 달아 주었고, 부마는 술에서 깨어나 집으로 돌아왔습니다.

부마는 아내의 변한 모습을 보고 깜짝 놀라 처음에는 믿으려 하지 않았으나, 부처님의 신력을 입어 그렇게 되었음을 듣고 한없이 기뻐하며 그 소식을 왕에게 알렸습니다. 왕은 절세의 미인으로 변한 딸의 모습을 보고 너무나 감격하여 그들 부부와 함께 수레를 타고 부처님 계신 곳으로 달려갔습니다.

"세존이시여, 저의 딸은 과거세에 무슨 복업을 지었기에 부귀한 왕가에 태어났사오며, 어떠한 악업을 지었기에 축생보다 더 추하고 더러운 형상을 타고나게 되었나이까? 원하옵건대, 가르쳐 주옵소서."

"그대들은 자세히 들으라. 지난 과거세의 아득한 그 옛날, 파라나국에는 재물과 보배를 헤아릴 수 없을 정도로 많이 가진 장자가 살았느니라. 그 때 장자는 벽지불(辟支佛) 한 분을 자주 모시어 공양하였는데, 그 벽지불은 모양이 추하고 더럽고 매우 초췌하였다. 그 장자에게는 딸이 하나 있었는데, 그 벽지불을 보고 경멸하는 마음으로 업수이 여기며 흉을 보았느니라.

'얼굴 모양이 어찌 그리도 더럽고 살가죽은 그다지도 추악하십니까? 도무지 쳐다볼 수가 없을 정도입니다. 수도를 하시기 전에 그 모양부터 고치셔요.'

그러나 벽지불은 아무 생각 없이 청하는 대로 와서 공양을 받을 뿐이었다. 그 벽지불은 열반에 들기 직전에 허공으로 몸을 솟구쳐 몸에서 물과 불을 뿜어내었고, 동쪽에서 솟았다 서쪽에서 없어지는 등의 여덟가지 신통을 보인 뒤 장자의 집에 내리니, 장자는 끝없이 기뻐하였고 그 딸도 즉시 자신의 허물을 뉘우쳤느니라.

'오직 원컨대 자비로이 용서하소서. 저는 이전에 나쁜 생각으로 죄를 많이 지었습니다. 저의 참회를 들으시고 저의 죄를 없게 하소서.'

그 때 장자의 딸이 벽지불을 흉보고 헐뜯어 말한 까닭에 그 뒤 태어날 때마다 항상 추한 모습을 받았으며, 나중에 참회를 하였기 때문에 이제 다시 단정한 모습을 회복하게 된 것이니라. 그리고 벽지불을 공양하였기 때문에 나는 곳마다 항상 부귀한 집에 태어난 것이며, 여래를 만나 근심과 괴로움을 벗어났느니라."

파사익왕과 모든 대신들과 백성들은 부처님의 인과업보 설법을 듣고 마음이 열려 깨달음을 얻었다고 합니다.

아쇼카왕의 전생 이야기

　어느날 아난 존자와 함께 성 안으로 탁발하러 가시던 부처님께서는 길에서 소꿉장난을 하는 아이들을 만났습니다. 아이들은 모래와 흙으로 집과 창고를 만들었고, 또 신발에다 모래를 담아 밥이라고 하며 놀고 있었습니다. 그들 중 키가 작은 아이 하나가 부처님께서 가까이 오시는 것을 보고 생각했습니다.

　'무엇이든 부처님께 공양을 올리면 큰 복을 받는다던데…….'

　이렇게 생각한 아이는 동생을 엎드리게 하고는 그 위에 올라가서, 신발에 밥이라며 담아 놓은 모래를 부처님께 정성스럽게 올렸습니다.

　부처님께서는 빙그레 웃으시며 모래밥을 받으시고 아난에게 건네주셨습니다.

　"이 모래를 가지고 가서 내 방의 허물어진 곳에 바르도록 하여라."

　정사로 돌아온 아난이 말씀대로 그 모래를 허물어진 벽에 바르고 나자 부처님께서 말씀하셨습니다.

　"아난아, 어린 두 아이가 환희심으로 모래를 보시하였으니, 그 공덕으로 다음에는 국왕이 되어 삼보(三寶)를 받들고 여래를 위하여 팔만사천 보탑을 세울 것이다."

　이 말씀을 들은 아난은 이해할 수가 없어 부처님께 여쭈었습니다.

　"어찌 한 줌 흙의 공덕으로 그와 같이 큰 공덕을 성취할 수 있습니까?"

　"과거에 한 국왕이 있었느니라. 그 때 부처님께서 출현하시자 국왕은 모든 신하들과 함께 부처님께 예배드리고 법을 청하여 들었다. 부처님의 설법을 들은 왕은 마음의 문이 열렸고 깨닫는 바가 참으로 많았다. 왕은 이 기쁜 마음을 다른 사람들과 함께 하고자 부처님의 형상 팔만사천 장을 그려 보시하였느니라. 그 공덕으로 팔만사천의 탑을 건립할 수 있는 과보를 얻을 수 있게 된 것이니, 그 국왕이 바로 오늘 모래를 공양한 소년이니라."

　불가에서는 기원 전 3세. 중엽, 인도 천하를 통일한 아쇼카왕이 바로 그 소년이라고 합니다. 아쇼카왕은 인도 역사에서 가장 넓은 땅을 차지하고 다스린 국왕입니다. 그러나 그는 인도를 통일하는 과정에서 전쟁의 비참함을 통감하고, 인생의 무상함을 절실하게 깨달았습니다. 그러한 까닭으로 불교에 귀의하였습니다.

　불교에 귀의한 아쇼카왕은 참다운 평화의 의미를 이해하고 터

득했습니다. 인생과 사회에서 누구나 갈구하는 평화란 무기나 군대의 힘으로 얻어지는 것이 아니며, 오로지 덕치(德治)로써 노력하여야만 가능하다는 것을 깨달았습니다. 나아가 세계의 평화를 위하여 올바른 가르침(法)을 널리 펴는 것이 자신의 임무라고 느꼈습니다. 그는 자신뿐만 아니라 왕비와 왕자, 대신들에게까지 불법을 배우게 하였으며, 일반 백성들에게도 널리 불법을 전하였습니다.

왕위에 오른지 열일곱 해가 되었을 때는 천 명의 승려로 하여금 경전을 편찬케 하는 결집(結集)을 주최하였고, 시리아·이집트·마케도니아·키프러스·스리랑카 등의 나라로 불교사절단을 파견였습니다. 또한 살생을 금한 부처님의 가르침에 따라 수렵을 막아 동물의 생명까지도 귀하게 여겼으며, 불교가 아닌 다른 종교에도 평등한 자유를 부여하였습니다.

이와 함께 아쇼카왕은 인도 전역에 팔만사천의 불탑과 법칙(法勅)을 새긴 석주(石柱)를 세웠으며, 병자를 치료하는 요양소를 설립했습니다. 스스로도 불교의 생활 규범에 철저하였던 아쇼카왕은 이처럼 모든 인류에게 불교의 진리를 전파하여 생활속에서 구현할 수 있게 하려고 최선을 다했던 것입니다. 오늘날 인도의 곳곳에서 발견되는 아쇼카왕의 석주에는 다음과 같은 글귀가 새겨져 있습니다.

"전쟁에 의한 승리보다 자비에 의한 정복이 훨씬 훌륭한 것이다."

"사람들은 대개 자신이 이러이러한 선행을 행하였다고 하면서 스스로의 선한 점만을 보려고 할 뿐, 자신이 저지른 악행이나 자신이 지니고 있는 번뇌 등의 나쁜 점은 보려고 하지 않는다. "

　이 글귀는 사람들에게 불교의 가르침에 따라 자기반성을 할 것을 촉구한 아쇼카왕의 뜻을 잘 전하여 주고 있습니다.

카필라성의 비극

  부처님 당시 인도에는 17대국이 있었는데, 그 중에도 제일 큰 나라는 마갈타국(摩竭陀國)이었고 교살라국(憍薩羅國)은 그 다음 가는 나라였습니다. 그런데 부처님의 나라인 카필라국(迦毘羅國)은 두 번째 대국인 교살라국에 매어 있다시피할 정도의 작은 나라에 불과했습니다.

  교살라국의 서울인 사위성(舍衛城)의 파사익왕은 카필라국의 왕족인 마하남(摩訶男)의 딸이 미모가 아주 출중하다는 소문을 듣고 후궁으로 맞아들이기로 작정하여 중매인을 보내 청혼했습니다. 비록 국력은 사위국에 떨어지는 석가족이었지만, 자기네 종족이 교살라국의 왕족보다 우월하다고 생각하는 선민관념(選民觀念)이 있었으므로 이 청혼을 아주 싫어했습니다. 하지만 당시 사위국의 막강한 국력 때문에 무조건 거절할 수도 없었습니다.

마하남은 마침내 자기네 하녀의 딸 중에서 용모가 아주 뛰어난 여인을 자신의 딸인 것처럼 꾸며 파사익왕의 후궁으로 보냈습니다. 마침내 석씨녀로 가장한 이 하녀의 몸에서 유리왕자(瑠璃王子)가 탄생하였고, 여덟 살이 된 유리왕자는 활쏘는 법을 배우기 위해 외가인 카필라국으로 왔습니다.

때마침 유리왕자의 외조부인 마하남은 아주 훌륭한 누각을 세우고 화려한 자리를 꾸며 성도 후 12년만에 고향으로 돌아온 부처님과 그 대중을 청하려고 하였습니다. 유리왕자는 자기 나라에서도 보지 못한 화려한 누각을 보고 호기심이 생겨 단 위로 뛰어올라가 제일 좋은 자리에 앉았습니다. 그러자 석씨의 아이들이 우루루 달려와 욕설을 퍼부었습니다.

"이 놈, 어디라고 거기를 올라가느냐? 종의 새끼가 분수도 모르느냐?"

단에서 쫓겨 내려온 유리왕자는 호위장군으로 데리고 갔던 호약(好若)으로부터 자기의 어머니가 천민출신이라는 것을 듣게 되었습니다. 유리왕자는 이를 악물며 맹세했습니다.

"내가 장래에 왕이 되면 기어코 카필라성을 정복하여 이 족속들의 씨도 남기지 않으리라."

그 뒤 파사익왕이 자리를 비운 틈을 타서 유리왕자는 왕위를 찬탈하고 각종 병사를 일으켜 카필라국을 정벌하기 위해 진군했습니다.

부처님께서는 이 일을 아시고 곧 신족통(神足通)으로 카필라국으로 가는 길 옆의 마른 나무 밑에 자리를 잡고 앉았습니다. 그 때 유리왕은 대군을 이끌고 진군해 가다가 부처님께서 앉아 계신 것을 보고 수레에서 내려 부처님의 발 아래 절한 다음 여쭈었습니다.

"부처님이시여, 우거진 나무가 이 근처에 얼마든지 있는데 어찌하여 잎도 없는 마른 나무 아래 앉아 계시옵니까?"

"왕이여, 친족의 그늘은 시원한 것이다. 그러나 내게는 친족의 그늘이 없도다."

이 말씀을 들은 유리왕은 부처님의 생각을 알아차리고 곧 군사를 돌려 본국으로 돌아갔습니다. 그리고 또 얼마 있다가 군사를 다시 일으켜 진군하였으나 그 때도 부처님께서 마른 나무 밑에 앉아 있었으므로 돌아갔습니다. 이렇게 되돌아오고 하기를 세 번……

그러나 왕이 네 번째 진군하였을 때 부처님께서는 "중생이 지은 숙세의 원업(怨業)은 어쩔 수 없는 것이다. 이번에 희생되는 석씨 왕족들은 다 천상에 태어나고 유리왕은 7일 내로 멸망을 당하리라" 하시고는 정사(精舍)에 머물러 계셨습니다. 마침내 유리왕은 카필라국을 섬멸하여 석씨족에게 잔인한 보복을 가하였습니다.

그러나 석씨족들은 부처님의 법을 깊이 믿었으므로 계행을 지키기 위해 싸움을 하지 않고 유리왕에게 무참히 참살을 당하였습니다. 석씨족의 마하남은 백성들의 참상을 보다 못해 유리왕에게 간청했습니다.

"내가 강물 속에 들어갔다가 다시 떠오르는 시간만이라도 이

성안의 사람들이 성 밖으로 도망을 치도록 허락해 주시오."

물 속에 몸을 던진 마하남은 머리를 물 속의 나무 뿌리에 얽어매고 자살했습니다. 마침내 마하남이 물 위로 떠오르지 않자 유리왕은 물 속으로 뛰어들었고, 이 광경을 보고는 자신의 행위에 대해 매우 후회했습니다.

"마하남은 거룩했다. 사람들의 목숨을 살리기 위해 저 같은 죽음을 택하였는데 나는 어찌 이다지도 용렬했던가?"

유리왕은 군대를 거두어 돌아갔습니다. 그 7일 뒤, 유리왕은 배를 타고 강을 건너가다 자신과 군졸까지 벽력과 풍랑으로 몰사했다고 하며, 기록에 따라서는 강 복판에서 불이 솟아올라 타죽었다고도 합니다.

뒷날 부처님께서는 이 카필라성의 비극적 인연을 다음과 같이 말씀하셨습니다.

"비구들이여, 옛날 왕사성에 흉년이 들었을 때 주민들은 모두 성밖의 못에서 고기를 잡아먹으며 생명을 이었느니라. 그 때 못 속의 구소와 양설이라는 고기는 이렇게 생각했느니라.

'우리는 아무 죄도 없고 저 성 안의 사람들도 아무 죄를 지은 일이 없다. 그런데 저 인간들은 우리만 잡아먹는다. 우리 둘은 반드시 이 원수를 갚자.'

그 때의 구소가 유리왕이요, 양설은 호약장군으로 태어난 것이다.

비구들이여, 원인과 결과의 이치는 무서우리 만큼 확실하게 그 갚음이 나타나는 것이다. 카필라성의 멸망 또한 씻기 어려운 하나의 갚음이니라."

부처님도 막을 수 없었던 카필라성의 멸망. 이와 같이 정해진 업은 피하기 어려운 것입니다. 모든 것을 보복으로 해결하려 하면 매듭만 늘어날 뿐입니다. 남과 나의 매듭을 푸는 것, 그것이 참된 삶을 사는 이의 자세라는 것을 잊지 말기를 당부드립니다.

읽을수록 신심을 북돋우는 일타큰스님의 법어집

광명진언 기도법 / 일타스님·김현준　　　　신국판　176쪽　6,000원
광명진언 속에 새겨진 참의미와 바른 기도법, 빠른 기도성취법 등을 자상하게 설하고, 유형별 기도성취 영험담을 다양하게 수록하였습니다. 광명진언을 외우면 행복과 평화, 영가천도, 소원성취를 이룰 수 있습니다.

생활 속의 기도법 / 일타스님　　　　　　신국판　160쪽　6,000원
불교계 최대의 베스트셀러! 누구나 처할 수 있는 여러 가지 상황에 따른 구체적인 기도방법에서부터 특별기도성취법·영가천도기도법·기도할 때 지녀야 할 마음가짐까지, 자상한 문체로 예화를 섞어 쉽고 재미있게 엮었습니다.

기도 / 일타스님　　　　　　　　　　　신국판　240쪽　9,000원
총 6장 52편의 다양한 기도 영험담으로 엮어진 이 책을 읽다보면 기도를 통해 틀림없이 부처님의 가피를 입을 수 있음을 확신할 수 있게 되고, 올바른 기도법과 함께 기도성취의 지름길을 알 수 있게 됩니다.

오계이야기 / 일타스님　　　　　　　　신국판　160쪽　6,000원
살생·투도·사음·망어의 근본 4계에 불음주계를 합한 5계에 대한 법문집. 재미있는 일화를 들어 각 계율의 연원과 지키는 방법, 계율을 범했을 때의 과보 등을 자세히 설했습니다.

아! 일타큰스님 / 김현준　　　　　　　신국판　240쪽　9,000원
선과 교와 율을 두루 통달하셨던 일타스님의 일대기를 읽다 보면 기도·참선·경전공부 방법을 체득하게 되고, 자비보살 일타스님과 함께함을 느낄 수 있습니다.

● 쉽고도 감동적인 휴대용 불서 ●

일상기도와 특별기도 / 일타스님　　　4×6판　100쪽　3,500원
불교예절입문 / 일타스님　　　　　　4×6판　100쪽　3,500원
행복을 여는 감로법문 / 일타스님　　　4×6판　100쪽　3,500원
광명진언 기도법 / 일타스님·김현준　　4×6판　100쪽　3,500원
병환과 기도 / 일타스님·김현준　　　　4×6판　100쪽　3,500원
행복과 성공을 위한 도담 / 경봉스님　　4×6판　100쪽　3,500원
불자의 삶과 공부 / 우룡스님　　　　　4×6판　100쪽　3,500원
불성 발현의 길 / 우룡스님　　　　　　4×6판　100쪽　3,500원
보왕삼매론 풀이 / 김현준　　　　　　4×6판　100쪽　3,500원
바느질하는 부처님 / 김현준 엮음　　　4×6판　100쪽　3,500원

법보시를 원하시는 분은 출판사로 연락 주십시오. 할인혜택을 드립니다.
전화 02-587-6612, 582-6612 팩스 02-586-9078